# A ECONOMIA *das* PARÁBOLAS

# ROBERT A. SIRICO

# A ECONOMIA *das* PARÁBOLAS

São Paulo | 2023

**Título original:** The economics of the parables

Copyright © 2022 by Robert A. Sirico
Copyright © de edição – LVM Editora

Os direitos desta edição pertencem à LVM Editora, sediada na
Rua Leopoldo Couto de Magalhães Júnior, 1098, Cj. 46 - Itaim Bibi
04.542-001 • São Paulo, SP, Brasil
Telefax: 55 (11) 3704-3782
contato@lvmeditora.com.br

**Gerente Editorial** | Chiara Ciodarot
**Editor -Chefe** | Pedro Henrique Alves
**Tradutor** | Matheus Pacini
**Preparação** | Pedro Henrique Alves
**Projeto gráfico** | Rogério Salgado/Spress
**Diagramação** | Rogério Salgado/Spress

Impresso no Brasil, 2023

Dados Internacionais de Catalogação na Publicação (CIP)
Angélica Ilacqua CRB-8/7057

| | |
|---|---|
| S633e | Sirico, Robert A. |
| | Economia das parábolas / Robert A. Sirico. - São Paulo : LVM Editora, 2023. |
| | 184 p. |
| | Bibliografia |
| | ISBN 978-65-5052-072-4 |
| | 1. Teologia 2. Bíblia 3. Jesus Cristo – Parábolas I. Título II. Pacini, Matheus |
| 23-1718 | CDD-226.8 |

Índice para catálogo sistemático:
1. Teologia

Reservados todos os direitos desta obra.
Proibida a reprodução integral desta edição por qualquer meio ou forma, seja eletrônica ou mecânica, fotocópia, gravação ou qualquer outro meio sem a permissão expressa do editor. A reprodução parcial é permitida, desde que citada a fonte.
Esta editora se empenhou em contatar os responsáveis pelos direitos autorais de todas as imagens e de outros materiais utilizados neste livro. Se porventura for constatada a omissão involuntária na identificação de algum deles, dispomo-nos a efetuar, futuramente, as devidas correções.

Para Robert J. Powers,
um amigo, cavalheiro e empreendedor
que incorporou os valores expressos em sua obra.
R.I.P.

# SUMÁRIO

**Prefácio à edição brasileira** .............................. 11
*Antonio Cabrera Mano Filho*

**Introdução** - A força duradoura das parábolas ................. 13

**CAPÍTULO 1** | O tesouro escondido ............................ 23
**CAPÍTULO 2** | A parábola da pérola de grande valor ............... 29
**CAPÍTULO 3** | O semeador .................................... 37
**CAPÍTULO 4** | Os trabalhadores na vinha....................... 45
**CAPÍTULO 5** | O rico tolo .................................... 53
**CAPÍTULO 6** | Os dois devedores............................... 63
**CAPÍTULO 7** | Os talentos .................................... 73
**CAPÍTULO 8** | O rei que vai à guerra ........................... 87
**CAPÍTULO 9** | A casa construída sobre a rocha................... 95
**CAPÍTULO 10** | Lições sobre administração ..................... 101
**CAPÍTULO 11** | O bom samaritano.............................. 111
**CAPÍTULO 12** | O homem rico e Lázaro......................... 121
**CAPÍTULO 13** | O filho pródigo................................ 129

**Posfácio** - Algumas reflexões mais abrangentes sobre a economia
e o Novo Testamento ........................................ 141
    *Questões morais sobre a propriedade privada e a riqueza* ......... 143
    *Tecnologia e a Riqueza das Nações* ......................... 148
    *"Abençoados são os Pobres" e "Mas ai de vós que sois ricos!"*...... 150

*Devemos vender tudo o que temos?* .......................... 153
*Não podemos servir a Deus e a Mamom* .................... 156
*Riquezas e extravagâncias* ............................... 156
*As Bem-aventuranças e os amigos ricos de Jesus* ............... 159
*A unção de Jesus com óleo* ............................. 162
*A limpeza do Templo* ................................. 164
*Socialismo na primeira igreja?* ........................... 167

**Agradecimentos** ......................................... 173

# Observação sobre o uso da Bíblia King James de 1611

Dado que alguns podem achar estranho um sacerdote católico escolher usar a versão autorizada da Bíblia King James datada de 1611 no decurso de seu estudo das parábolas, pensei que seria prudente oferecer razões para a minha escolha.

O leitor imediatamente perceberá, pelas diversas fontes que empreguei ao longo do texto, que busquei tornar este livro amplamente acessível a uma audiência diversa e ecumênica. Quero simplesmente atingir o máximo de pessoas, de todas as abordagens religiosas possíveis. No entanto, não foi por isso que escolhi a King James do século XVII.

Apesar de ter sido criado em uma família ítalo-americana católica, minha infância no Brooklyn, Nova York, proporcionou-me diversas experiências e amizades. Em minha juventude, frequentei várias igrejas protestantes com meus amigos. Foi lá, especialmente nas igrejas pentecostais negras, que aprendi primeiramente a amar a música gospel e a cadência da Bíblia King James.

Admito que essa Bíblia não possui a tradução mais acessível, da mesma forma que algumas pessoas acham Shakespeare difícil. Nem mesmo é, segundo os eruditos modernos, a tradução mais precisa ou útil para um estudo sério. Porém, a sua capacidade de evocar devoção e reverência, além de usar o que alguns chamam de "inglês bíblico", ajuda a capturar o estilo do hebreu e grego originais, e é especialmente adequada para o diálogo contundente e majestoso das parábolas e as lições que elas contêm.

# PREFÁCIO À EDIÇÃO BRASILEIRA
## *Antonio Cabrera Mano Filho*[1]

Afinal, será que Jesus era socialista, como alguns afirmam? Ou, será que o cristianismo e Seu fundador têm algo a oferecer ao mundo da economia moderna, uma "cosmovisão econômica", independentemente de o leitor receber a revelação de fé a respeito de Cristo?

Um dos aspectos mais interessantes do ministério de Jesus Cristo é a didática que Ele escolheu para entregar a maioria esmagadora de suas mensagens. A chamada "parábola", onde, por meio de uma história, o narrador consegue encerrar grandes verdades através de comparações da vida comum.

E o foco das parábolas sempre é apontar para aquilo que transcende, que vai além de si. Jesus aponta o Reino de Deus, que é chegado; ao mesmo tempo, coloca em nosso coração (já criado com a centelha da eternidade) um senso de absoluta temporalidade no "aqui e agora" para uma vida plena e abundante. Mas como fazê-lo em meio à dura realidade da escassez?

Sabemos que a própria Economia provém da escassez. Esta, da realidade do pecado. A ordem econômica, portanto, é um chamado para administrar a justiça, e, no fim das contas, apresentar a Salvação através da experiência da fé ativa no amor.

Talvez seja este um dos focos do querido Padre Robert Sirico, ao meditar sobre lições de economia a partir das parábolas de Jesus. Com a sagacidade que lhe é peculiar, o Padre Sirico demonstra como o Mestre de Nazaré fala, a partir de coisas simples, sobre os valores eternos colocados no coração

---

1. Presidente do Instituto Fé e Trabalho; site: www.trabalhoefe.com.br; redes sociais: @fe.trabalho

humano e que o inspira a servir. O serviço – não a exploração, é a tônica das relações econômicas saudáveis. Quanto mais eficiente for o serviço humano, tanto mais apreciação ganhará do mercado, fazendo a roda girar de maneira correta: coisas a serviço de pessoas, que, por sua vez, servem a outras pessoas.

Neste caminho aprendemos lições valiosas, como na parábola do tesouro escondido (Mateus 13:44), onde entendemos que um bem valioso o é apenas para olhos alertas, pois é a perspectiva humana que adiciona às coisas valores ao ponto de demonstrar como a economia nunca deve ser encarada como um jogo de "soma zero". Olhar além do que apenas se enxerga é a essência do empreendedorismo, pois aí se tem um vislumbre do próprio processo do Criador: trazer à luz aquilo que ninguém mais via – e conferir dignidade.

É, sem dúvida, uma obra que aborda de maneira inovadora a relação entre as parábolas bíblicas e a economia. Ao longo do livro, o autor explora as lições econômicas que podem ser extraídas das parábolas, demonstrando a importância da liberdade econômica e religiosa como fundamentos da sociedade livre.

A obra apresenta uma abordagem profunda e consistente, destacando a importância da liberdade econômica como um meio fundamental para que as pessoas possam desenvolver seus talentos e habilidades empreendedoras. O autor argumenta que a liberdade econômica não é apenas um direito humano fundamental, mas também um meio para que o homem possa contribuir com Deus na criação, buscando realizar suas potencialidades em prol da sociedade.

INTRODUÇÃO

# A FORÇA DURADOURA DAS PARÁBOLAS

Livrarias estão cheias de livros sobre as parábolas de Cristo, e isso é legítimo. Nelas temos histórias repletas de detalhes surpreendentes e conclusões desafiadoras que oferecem orientações morais de grande poder. Elas nos fazem parar e pensar: "Não há dúvida de que as parábolas constituem a essência da pregação de Jesus", escreveu o papa emérito Bento XVI. "Enquanto civilizações já surgiram e desapareceram, essas histórias continuam a nos ensinar com seu frescor e sua humanidade"[2].

Muitas de suas lições são contraintuitivas. São mais difíceis de entender do que se esperaria inicialmente. E, ainda assim, costumamos nos lembrar delas. Várias delas há muito entraram no imaginário popular e lá permanecem, mesmo em tempos de grande secularização, distantes de seu contexto original. Embora sejam histórias repletas de fábulas, lendas, folclore, alegorias e mitos, as parábolas – e as de Jesus, em particular – representam algo a mais porque nos levam prontamente a analisar nossas essências e a pensar em assuntos eternos a partir da perspectiva dos ensinamentos e da pessoa de Cristo, por meio de exemplos práticos de nossa experiência diária.

A palavra latina *parabola* é derivada do grego *parabolē*, que significa "jogar", "colocar ao lado de" ou "colocar lado a lado". A palavra foi usada por Platão e Sócrates para denotar uma história comparativa, uma analogia fictícia que revela uma verdade mais profunda[3]. Sêneca diz que as parábolas

---

2. Pope Benedict XVI. *Jesus of Nazareth: From the Baptism in the Jordan to the Transfiguration*. Trad. Adrian J. Walker. New York: Doubleday, 2007), p. 183.
3. Jowett, Benjamin. *The Dialogues of Plato in Five Volumes, 3rd ed., vol. 3*. Oxford: Oxford University, 1892. pp. 184–89. Disponível em: https://www.john-uebersax.com/plato/myths/ship.htm.

são necessárias para demonstrar adequadamente a verdade[4]. O Talmude também contém parábolas, aprimorando o uso que lhes deram nas Escrituras hebraicas[5].

Ao longo da história, as parábolas têm sido usadas como instrumentos retóricos e de ensino. Mas as parábolas de Jesus não são apenas didáticas; transmitem um significado transcendente que não é encontrado na superfície, e suas implicações mudam conforme o público. Este é precisamente o objetivo da parábola: uma história que leva a um significado mais profundo. "Quem tem ouvidos para ouvir, ouça", diria Jesus (Marcos 4:9)[6]. Suas parábolas exigem nosso engajamento e nossa escolha.

Houve um contexto político para a abordagem parabólica de ensino. O ministério público de Jesus ocorreu em meio a uma atmosfera de risco político e religioso. O Estado romano, como todos os outros, não queria concorrência e julgava rapidamente qualquer pessoa considerada inimiga. Os compatriotas judeus de Jesus esperavam o Messias, mas seus líderes tinham todo o interesse em prolongar a espera tanto quanto fosse possível.

Então, como Jesus poderia transmitir seus ensinamentos de uma forma que pudesse ser precisamente entendida por aqueles abertos à sua mensagem e, ao mesmo tempo, não chamar a atenção daqueles que não tinham ouvidos para ouvir, incitando uma controvérsia que o distrairia de seu foco principal? Suas parábolas eram parte da resposta. "Portanto lhes falo por parábolas", disse ele, "porque eles, vendo, não veem; e ouvindo, não ouvem nem compreendem" (Mateus 13:13).

Jesus "quer mostrar como algo que eles até agora não perceberam pode ser vislumbrado por meio de uma realidade que não se enquadra dentro do domínio de sua experiência", explica Bento XVI. "Por meio de [uma] parábo-

---

[4]. Seneca, Lucius Annaeus. *Seneca's Morals; by Way of Abstract: To Which Is Added, a Discourse under the Title of After-thought*. Trad. Roger L'Estrange. London: Sherwood, Neely and Jones, 1818. p. 346. "E pode haver um uso melhor das parábolas: porque a aplicação às vezes afeta menos a mente que o significado em si".

[5]. Singer, Isidore. *The Jewish Encyclopedia: A Descriptive Record of the History, Religion, Literature, and Customs of the Jewish People from the Earliest Times to the Present Day*. New York: Funk and Wagnalls Company, 1905. p. 71.

[6]. Todas as citações deste livro foram retiradas da Bíblia King James de 1611, disponível em: https://bkjfiel.com.br/

la, ele aproxima algo distante de seu âmbito, de modo que, usando a parábola como uma ponte, podem chegar ao que era previamente desconhecido"[7].

A parábola deve ser distinguida da alegoria pura. Parábolas lidam com uma parte da vida real, algo que poderia muito bem ter acontecido, enquanto uma alegoria lida normalmente com a pura fantasia para ilustrar um significado metafórico. As parábolas nos ensinam em dois níveis: a mensagem da vida real e sua análoga teológica. Para compreender a plenitude da mensagem, ambas devem ser entendidas. Leopold Fonck, cuja obra clássica sobre as parábolas de Jesus é notável, argumenta que uma parábola no sentido cristão tem quatro elementos: 1) o discurso tem completude e independência interna, ou seja, faz sentido por si só; 2) deve indicar uma verdade sobrenatural; 3) essa verdade deve ser revestida de linguagem figurativa; e 4) ambos devem ser comparados[8].

Podemos ouvir as parábolas como fiéis que acreditam que Jesus é o Filho de Deus. Podemos ouvi-las como pessoas que consideram o professor uma grande figura moral. Podemos ouvi-las apenas por sua força literária ou retórica. Ou podemos ouvi-las pelo seu significado mais claro e mundano e, mesmo assim, obter lições. Algumas delas não precisam de qualquer explicação. Ainda assim, exige-se uma profunda reflexão de todos.

Parábolas são mais frequentemente discutidas em termos de seu significado mais elevado, e certamente essa é a ideia e o objetivo principais. Ouvir e repetir uma história maravilhosa e deixar de lado seu propósito e lição mais amplos destrói o objetivo da parábola. Ainda assim, permanece sendo verdade que as parábolas de Jesus são histórias clássicas em si mesmas. A significância moral e espiritual de suas lições pode ser aprofundada e mais claramente elucidada se desenvolvermos um entendimento mais rico das circunstâncias, lógicas, pressupostos e significados das próprias histórias.

A sua força duradoura é surpreendente. O mundo de dois mil anos atrás é quase inimaginavelmente diferente do nosso de diversas maneiras. Nenhuma das tecnologias que influenciam nosso cotidiano existiam na época. O padrão de vida era infinitamente menor. A expectativa de vida era vastamente inferior.

---

7. Benedict XVI, *Jesus of Nazareth*, pp. 191–192.
8. Fonck, Leopold. *The Parables of Christ: An Exegetical and Practical Explanation*, ed. George O'Neill. Fort Collins, Colorado: Roman Catholic Books, 1997.

Ideias sobre prosperidade, mobilidade de classe, segurança e vulnerabilidade da vida de modo geral eram inconcebivelmente diferentes. Os povos dos tempos bíblicos não carregavam consigo as ideias que hoje damos como certas, tais como direitos humanos universais, igualdade política ou liberdades fundamentais. Tampouco, nesse sentido, tinham acesso aos povos ao redor do mundo através de um pequeno dispositivo entre as dobras de suas túnicas.

E, ainda assim, os exemplos nas histórias mantêm sua autenticidade. Afinal, as pessoas ainda pescam, mergulham em busca de pérolas, cuidam de vinhas, semeiam e colhem plantios, armazenam safras, reivindicam heranças e presentes, constroem casas com fundações, pagam dívidas (ou não), enfrentam a disparidade salarial, convivem com a pobreza em seu meio, encaram problemas familiares e vivenciam muitas das outras tribulações da vida que encontramos nas parábolas. Em parte, o poder das parábolas segue porque os exemplos que Jesus escolheu provaram-se persistentes ao longo da História. Mesmo estando presentes na condição humana, mantêm uma originalidade que evita que pareçam antiquadas ou uma "tecnologia antiga". Apelam para algo natural, constante e onipresente na experiência humana.

Como alguém que regularmente escreve e fala publicamente, tenho o cuidado de oferecer exemplos duradouros das lições abstratas que desejo transmitir, e essa característica das parábolas de Jesus me surpreende. (Digo isso não apenas como sacerdote, mas como alguém que frequentemente se encontra diante de audiências seculares). Peça a qualquer comunicador para criar histórias que ainda farão sentido uma década após serem contadas, e ele admitirá o desafio. Uma característica profundamente lamentável da homilética contemporânea é o reconhecimento do poder da pregação em parábolas em combinação com o fracasso – talvez por falta de paciência – de propor uma história que, de fato, comunique a mensagem que se deseja transmitir. Todos nós já ouvimos um pregador iniciar uma homilia ou sermão com uma história convincente ou uma anedota cativante, apenas para nos sentirmos frustrados quando, tendo-a ouvido até o final, descobrimos que a introdução nada tinha a ver com o centro de sua mensagem.

E, para uma história demonstrar resiliência ao longo de mais de dois mil anos, ela deve estar em um nível totalmente diferente. No contexto cultural atual, é difícil perceber se as pessoas ainda são capazes de distinguir as coisas permanentes das ocorrências transitórias. Uma parábola de 15 anos atrás, por exemplo, poderia envolver uma referência a uma fita de vídeo ou disquete. Quantos hoje não entenderiam o significado da referência ou a conexão intrínseca entre a imagem e a mensagem, por maior que seja a sutileza da nuance? As parábolas de Jesus raramente são confusas, ainda que ocasionalmente seja relevante esclarecer algum detalhe cultural ou linguístico específico.

Uma das razões pelas quais as parábolas permanecem tão convincentes é que existem certas verdades fundamentais sobre a dimensão econômica da vida que continuam imutáveis, mesmo frente às mudanças em tecnologias, demografias e estilos de vida de dois mil anos atrás até o presente. Afinal, ainda é fato que a natureza não fornece o bastante na forma de recursos para atender a todas as necessidades humanas em determinado momento. Houve um aumento considerável dos recursos, mas, mesmo assim, permanecem escassos frente a necessidades e desejos humanos. Ou seja, sempre teremos que enfrentar a realidade da escassez, bem como o problema da produção, criação e alocação de bens e serviços para servir às necessidades humanas. A riqueza não é dada; deve ser criada. E há formas mais e menos exitosas de fazer isso.

Então, uma vez que a riqueza é criada, devemos encarar os dilemas morais inevitáveis sobre como ela deve ser alocada. O fato fundamental da escassez deste mundo nos coloca frente a questões morais e práticas que dizem respeito à propriedade, responsabilidade, desperdício e eficiência. Devemos também enfrentar diretamente a passagem do tempo como uma restrição econômica, uma realidade simplesmente ignorada com demasiada frequência. (Essa pode muito bem ser a origem da expressão "tempo é dinheiro".) Existem *trade-offs*: a acumulação *versus* a distribuição de riqueza, o aqui e agora *versus* o longo prazo e, é claro, o temporário e o eterno. Neste vale de lágrimas, sempre haverá um conflito entre a provisão da vida material e a preparação interior para a seguinte.

Essas escolhas, *trade-offs* e dilemas não estão limitados a uma localidade geográfica, nem mesmo a uma classe de pessoas; são universais e inevitáveis. O problema da escassez – adequadamente considerado como o estado perpétuo de desejar coisas que não temos, incluindo o próprio tempo – atormenta o rico e o pobre, o habitante urbano e o rural, o comerciante e o monge, o homem e a mulher, o teísta e o agnóstico. Esses são desafios que existem em todas as épocas e locais, impactando a todos. De forma simples, as restrições econômicas são um fato inescapável da vida em tempos bons e ruins. As restrições econômicas estão entre nós, não importa quem somos, quando ou onde vivemos.

Suspeito que é precisamente porque muitas das parábolas baseiam-se nas realidades persistentes da economia e vida comercial que elas oferecem lições duradouras. As parábolas lidam com tópicos em um nível muito prático e pessoal, e com o plano superior e mais profundo do dever moral e espiritual. Logo, este livro busca realçar as verdades mais elevadas que as parábolas contêm ao investigar os fins mais práticos da economia, comércio e ética de negócios que podem ser negligenciados. Em outras palavras, minha tentativa aqui é discernir, em meio ao mundano, as implicações transcendentes.

Desde já, é importante entender que, por "economia", não me refiro apenas a comprar e vender, muito menos à mera matemática, mas, fundamentalmente, à disciplina que elucida as implicações da escassez no mundo material: toda a natureza complexa da troca, do comércio e da ação humana. Em particular, fico intrigado como a perspectiva econômica e comercial pode nos ajudar a destrinchar as profundas implicações morais e teóricas dos ensinamentos de Jesus.

Não é minha intenção derivar das parábolas uma teoria econômica ou teologia, muito menos, uma ideologia. Na realidade, a economia como disciplina científica ou intelectual nem mesmo existia na época de Jesus. Portanto, seria anacrônico atribuir políticas econômicas específicas ao Salvador, mesmo se as verdades sobre a economia hoje também eram as mesmas no século I. Em vez disso, meu desafio é identificar os pressupostos econômicos universais em jogo dentro das próprias histórias, reconhecendo, ao mesmo tempo, que elas não eram em si o intuito fundamental, a moral ou mesmo a meta da parábola, e que, de tempos em tempos, Jesus inverte esses pressupostos para provar seu argumento.

Boa parte da minha vida intelectual tem se relacionado com a política econômica e suas consequências, especialmente as consequências morais do processo decisório na economia. Ao mesmo tempo, sempre me dediquei ao trabalho pastoral, então, meu motivo subjacente para escrever este livro pode ser descrito como um esforço de integração ou, até mesmo, de tradução. Desejo mostrar como uma pessoa consciente economicamente pode abordar as parábolas de forma razoável e sensível. Ao longo dos anos, verifiquei aspectos distintos nos quais meus respectivos campos de estudo se completam.

É óbvio que as parábolas apresentam uma dimensão econômica. De fato, como seria possível falar sobre os detalhes da vida humana sem referência à economia? De certa forma, portanto, a relevância contínua das parábolas não é tão surpreendente, afinal, de muitas formas, a vida cotidiana não mudou em seus elementos essenciais. Lições tiradas da vida comercial – sobre como decidimos comprar comida, roupa e moradia; como administramos o dinheiro; como lidamos com várias classes sociais; como compramos, e como e o que vendemos; onde trabalhamos; como tratamos nossos chefes e funcionários – ainda fazem todo o sentido no mundo. E todos esses são temas com os quais Jesus lida. De forma simples: Jesus nos propõe a questão de como podemos derivar lições transcendentes do contexto de nossas vidas cotidianas.

Mesmo que as lições que Jesus buscou transmitir possam ser claras no nível teológico, suas aplicações podem não o ser. Seria um erro pensar que essas lições são fixas, simplistas ou estáticas. Podem ser debatidas, desenvolvidas e aplicadas em circunstâncias diferentes. E não examinar suas conexões com a realidade econômica de nossa vida, reforço, é deixar nosso entendimento das parábolas menos robusto, direto, relevante e acessível. A política necessariamente faz parte disso, já que governo, ideologia e cultura cívica têm uma influência profunda e incrivelmente pervasiva na administração das questões econômicas atuais. Ao escrever sobre a economia política das parábolas, estou preparado para a crítica de estar "politizando" os ensinamentos de Jesus, e a possibilidade dessa crítica permanece claramente diante de mim conforme escrevo, mas, desde já, tenho a intenção explícita de evitar qualquer tentação do tipo. Certamente espero corrigir a politização das Escrituras que detectei ao longo dos anos, mas não é o estado contemporâneo que politizou virtualmente toda a cultura comercial – na verdade, a cultura como um todo? Na época de Jesus, a cultura era mais afetada pela colonização romana e a tributação direta associada a ela. Jesus foi capaz de elaborar histórias universalmente aplicáveis a partir da vida comercial de sua época precisamente porque ela era relativamente mais livre da política e de outros aparatos regulatórios que atualmente.

Hoje, as estruturas econômicas são vastamente distintas. O comércio é internacional. A produtividade cresceu drasticamente. Uma estrutura complexa e global do capital prevalece. Mercados acionários existem em praticamente todos os países. O homem moderno tem um padrão de vida muito superior até mesmo ao da elite da época de Jesus.

Ao mesmo tempo, precisamos nos precaver contra a impressão de que Jesus propôs esses exemplos para recomendar algum sistema político particular ou promover alguma política econômica ideal. Em seu emblemático estudo de 1966, Joachim Jeremias demonstrou que as parábolas foram extraídas da experiência da vida real que teria sido conhecida e entendida pelas pessoas que as ouviram na época de Jesus[9]. Não são construtos puramente literários. Não foram inventadas para estabelecer máximas. Não são um mito[10].

Em vez disso, as parábolas visam conflitos e dificuldades da vida que são comuns a todos. Elas se aplicam à situação do momento; são anedotas bem-escolhidas simplesmente porque esses momentos seguem se repetindo até os dias atuais.

As parábolas que selecionei para discutir foram escolhidas porque contêm alguma dimensão econômica óbvia e revelam muito sobre a forma como vivemos e a forma como deveríamos viver. São tão atuais como qualquer manual moderno de ética empresarial, e não tenho dúvidas de que superarão todos eles no tempo.

Enquanto observamos mais cuidadosamente as histórias e todos os seus detalhes econômicos, nunca podemos perder de vista o propósito mais amplo das parábolas, que não é meramente ensinar aspectos práticos da administração da vida, mas esclarecer a relação fundamental entre nossas vidas em todas as contingências do mundo material e as boas novas que Jesus trouxe para o mundo – e como isso releva a própria mente e intenção de Deus[11].

Buscamos a verdade transcendente em nossas reflexões sobre a ordem natural. Só os fatos não satisfazem o anseio humano; em vez disso, é o significado por trás deles que as pessoas buscam. Apreender a relação entre habili-

---

9. Jeremias, Joachim. *Rediscovering the Parables*. New York: Charles Scribner's Sons, 1968.
10. Scott, Bernard Brandon. *Hear Then the Parable: A Commentary on the Parables of Jesus* (Minneapolis, Minnesota: Fortress Press, 1990.
11. Papa João Paulo II, *Centesimus annus* (1º de maio de 1991). Disponível em: https://www.vatican.va/content/john-paul-ii/pt/encyclicals/documents/hf_jp-ii_enc_01051991_centesimus-annus.html. Seção 32: "Assim aparece cada vez mais evidente e determinante o papel do trabalho humano disciplinado e criativo e — enquanto parte essencial desse trabalho — *das capacidades de iniciativa empresarial*. Um tal processo, que faz concretamente ressaltar uma verdade da pessoa, afirmada incessantemente pelo cristianismo, deve ser visto com atenção e favor.

dade e devoção pode potencializar o significado de nossa existência temporal, enquanto a contemplamos até as suas raízes mais profundas, em todas as suas complicadas contingências, de modo que possamos vislumbrar nosso destino desde nossa origem: um criador, uma verdade, uma realidade – seja no tempo ou na eternidade.

## CAPÍTULO 1
# O TESOURO ESCONDIDO

> Novamente, o Reino do Céu é semelhante a um tesouro escondido no campo, que um homem achou e escondeu; e, por causa da sua alegria, vai, vende tudo que tem, e compra aquele campo.
> (Mateus 13:44)

Estamos diante de uma lição sobre valores.
 Ao longo do tempo, as parábolas de Jesus têm recebido diversos títulos, e esta, que é transmitida em privado aos discípulos e não frente às multidões, como era frequentemente o caso, é normalmente chamada de Parábola do Tesouro Escondido.

A essência da lição é claramente a prioridade do Reino de Deus e a urgência de alcançá-lo, não importa o tamanho do sacrifício. Tendo sido descoberto, o tesouro atrai os leitores, para que eles estejam dispostos a renunciarem ao seu caminho atual e buscarem um novo caminho. A descoberta do tesouro altera a vida. Existe algo neste tesouro que cativa o coração e demanda a renúncia de todas as outras formas de amor, fazendo com que o seu descobridor tenha que se tornar disposto a obter algo de maior valor. O que valoramos e em que medida fazemos escolhas baseadas nesses valores é o grande desafio da parábola. E especular ou olhar ao nosso redor frequentemente nos permite ver as coisas que podem estar nebulosas ou indefinidas.

Qual é o tesouro da parábola? Frequentemente se imagina que seja um baú de ouro, ou conjunto de pedras preciosas. E por que ele está escondido? O proprietário original, talvez muitos anos antes, escondeu-o por medo da guerra, miséria ou outro desastre?[12] Tal coisa não teria sido incomum em uma sociedade acostumada à invasão e ao êxodo. Ele se esqueceu de onde o deixou? Faleceu antes de contar a alguém a localização dele? Claro, essas são apenas hipóteses, mesmo assim, ajudam a nossa imaginação na medida em que aumentam nosso apreço pela aplicação da parábola. O argumento econômico (que aponta para uma verdade moral mais profunda) é que o tesouro foi lá escondido para que fosse protegido devido à incerteza do futuro, possivelmente devido a um cálculo confiável ou, talvez, ao mero rumor de que não estivesse seguro. Enterrar o tesouro é uma excelente forma de escondê-lo, e há muitos precedentes.

    O tesouro permanece enterrado até alguém encontrá-lo. É fácil imaginar que muitas pessoas passaram por cima do lugar onde ele ficou escondido por décadas sem o descobrir. Nosso descobridor, todavia, entende o seu valor e prontamente vende tudo o que tem para comprar a terra do proprietário atual e tomar posse de seu tesouro. Nesta que é uma das parábolas curtas do Evangelho de Mateus, nunca sabemos em detalhes como ele o encontrou. Pode tê-lo descoberto enquanto arava a terra como empregado ou inquilino de seu proprietário, ou enquanto estava simplesmente explorando a área. Ele pode literalmente ter tropeçado nele. Novamente, isso é apenas especulação.

    Especialmente nas Escrituras, o termo "tesouro" frequentemente representa uma metáfora para sabedoria. Diz Provérbios 8:10-11: "Recebei a minha instrução, e não a prata; e o conhecimento, mais do que o ouro fino escolhido, porque melhor é a sabedoria do que os rubis; e todas as coisas que se podem desejar não se comparam a ela". No mundo antigo, uma forma de garantir riqueza ou recursos era escondê-los por medo de roubo ou confisco. De forma similar, alguns podem pensar em proteger o tesouro da sabedoria e do potencial de redenção de um mundo não preparado para a verdade, ou de uma cultura que poderia contaminá-lo. Tal cultura, ou tal povo, pode não ser considerado digno de ter um tesouro compartilhado com eles, logo, a advertência: "Não deis o que é santo aos cães, nem lanceis aos porcos as vossas pérolas, para que não suceda que as pisem com os seus pés, e voltando-se novamente, vos despedacem", o que explica por que as parábolas podem ser escondidas de

---

12. Fonck, Leopold. *The Parables of Christ: An Exegetical and Practical Explanation.* Ed. George O'Neill. Fort Collins, Colorado: Roman Catholic Books, 1997. p. 182.

alguns, mas confiadas a outros. O tesouro tem que ser buscado por meio de descoberta e esforço. O fato de uma *commodity* valiosa ser deixada desprotegida no campo, não reivindicada por ninguém, representa uma oportunidade de compra. Então, a questão é a seguinte: o comprador potencial desse campo tem a obrigação moral de revelar ao seu proprietário atual que ali existe um tesouro escondido? A parábola não trata desse ponto em particular (por mais interessante que seja). Certamente o comprador potencial tem o direito de contar tudo o que sabe. Mas a obrigação principal é de o próprio dono da propriedade conhecer o real valor dela. Aquele que descobriu o tesouro deve ser aplaudido por ver a oportunidade de lucro, já que ele vê valor onde outros não veem.

Esta situação pode parecer um grande dilema moral, no entanto, isso ocorre todos os dias na troca de bens e serviços. Por exemplo, grandes varejistas observam terrenos que ninguém parece valorar muito. Eles os vislumbram como localizações de grande potencial, onde podem comercializar bens e serviços com outrem. De fato, eles enxergam um tesouro. Isso significa que o proprietário da terra não vê o futuro tesouro? Talvez, mas não necessariamente. A primeira coisa que vem à mente do proprietário é que vender suas terras ao varejista é uma vantagem econômica. Ambas as partes se beneficiam da troca, pelo menos, a partir de suas perspectivas individuais, que são as únicas perspectivas que podem ter.

Outra analogia aqui seria a de um vendedor de um carro velho – um "ferro-velho" – cujo preço é de $500. Digamos que um colecionador de automóveis chega e percebe que se trata de uma antiguidade com valor potencial de $50 mil. O carro ainda é vendido por $500 – 1% de seu futuro valor de mercado. O colecionador com conhecimento de carros é como um empreendedor em um mercado, disposto a assumir o risco desse mercado. Não existe fraude aqui, e ambos se beneficiam da troca. Se refletirmos, em toda troca econômica em que as partes são livres para aceitar ou rejeitar uma oferta, ambas as partes são convencidas de que fecharam um bom negócio.

Quanto à suposição comum de que o vendedor está se aproveitando do vendedor, tal lógica se aplicaria a todos que têm um carrinho de sorvete e se aproveitam do calor de uma tarde de Verão; ou ao dono de restaurante que se aproveita da fome das pessoas; ou à enfermeira que se aproveita da doença de alguém. Mas, na verdade, todas essas relações são de exploração – ou de serviço?

A pergunta a fazer é se existe algo suspeito ocorrendo nessas situações? Essa é uma questão moral, mas também de valoração. Outra forma de analisar isso é questionar se bens como carros antigos, alimentação, assistência médica ou propriedades têm valor econômico intrínseco, ou se as pessoas lhes atribuem ou criam valor – um fenômeno às vezes visto na economia. O que, afinal, queremos dizer com "valor econômico"? Não deveríamos, pelo menos, considerar que o valor econômico de algo depende de um valorador – ou seja, de alguém que calcule o valor disso quando é comprado, o que, por sua vez, é baseado em percepções, oportunidades e disponibilidade? Na verdade, o preço de tudo é estipulado pela valoração do item na mente do comprador no momento da troca do mercado. Tudo isso pressupõe total honestidade e ausência de fraude na operação.

Podemos argumentar que teria sido um ato louvável de cortesia, ou mesmo caridade, revelar ao proprietário a existência do tesouro. Ainda assim, a própria definição de tal ação como etiqueta ou caridade já explicita que não é uma exigência de justiça ou moralidade. Argumentar de outra forma seria lançar dúvida sobre um grande conjunto de trocas e arranjos que tomamos como garantidos, e impediria o progresso e a melhoria humana. Isso bloquearia a criação geral de riqueza nas trocas em que o comprador valora mais a coisa à venda do que quem a está vendendo, e exigiria um tipo de processo educacional anterior a qualquer venda para convencer o vendedor do valor superior do objeto.

Obviamente, não há nada particularmente especial sobre os cenários descritos acima. Em todas as trocas de mercado, ambas as partes consideram estar obtendo o melhor negócio, a partir do seu próprio ponto de vista. Ambas acreditam que se beneficiarão da troca e, de fato, só podem confiar que suas percepções estejam corretas. Quando compramos leite no mercado, valoramos o leite mais do que os $2 gastos para comprá-lo, enquanto o mercado valora os $2 mais que o leite. Assim, a troca ocorre. Se o leite estivesse vencido, ou se outro tipo de fraude tivesse sido empregada, isso invalidaria o negócio moral e legalmente.

Sem dúvida, compradores e vendedores trazem diferentes suposições e valores para a mesa de negociação. Salvo a mensagem teológica dessa parábola, ela também mostra que o comércio pode ser mutuamente benéfico mesmo quando existem diferentes suposições sobre o valor de um item, ou seja, quando comprador e vendedor realizam uma troca com diferentes objetivos em mente. Ambas as partes ainda podem se beneficiar. No mundo real, assimetrias de informação e valores são inevitáveis e onipresentes. Um sistema econômico decente e moral é aquele que cria oportunidades mutualmente vantajosas. Como poderia ser diferente? E quem gostaria que fosse?

Essa parábola também nos diz algo sobre o que significa descobrir e criar valor no mercado. Enquanto o tesouro permaneceu enterrado, não usado e não apreciado no campo, não gerava benefício para a sociedade. No que diz respeito ao bem-estar social, era como se não existisse. Não trouxe valor para o proprietário original porque ou ele não sabia que estava lá ou porque não o apreciava.

O tesouro não nos encontra; temos que procurá-lo e desenvolver dentro de nós a capacidade de reconhecê-lo assim que o encontrarmos. Também temos que estar dispostos a nos sacrificar para tomarmos posse dele e a renunciar a outras coisas que impeçam nossa descoberta e captura desse tesouro.

Aquele que encontrou algo não mais o persegue. Como diz o ditado: "como é possível que só encontre o que estou buscando no último lugar que procuro?". Só procura quem ainda não fez a descoberta – o comerciante em busca de pérolas preciosas.

A Parábola do Tesouro Escondido nos convida a refletir sobre várias coisas. Primeiro, há aquilo que poderíamos aprender, a partir do que chamo de "virtude do alerta", com o homem que descobre o tesouro. O hábito da vigilância nos é recomendado em outras parábolas de forma menos sutil, mas não deveríamos perder isso de vista. Segundo, há o valor que o descobridor atribui à descoberta. Um valor que o leva a reorganizar todos os seus outros valores. Surge um terceiro tema aqui, se não diretamente da própria parábola, mas que inevitavelmente flui dela: poderíamos questionar o que o homem que descobriu o tesouro gostaria de fazer com ele. Obviamente, ele não iria deixá-lo no buraco, ou nem teria comprado a propriedade em primeiro lugar. O tesouro enriquece a sua vida.

Considere o que dá valor ao tesouro. Aqui é importante distinguir entre os valores morais intrínsecos, ou objetivos existentes na ordem natural, e os valores que os seres humanos atribuem a coisas como *commodities* ao determinarem subjetivamente o uso que elas têm quando empregamos nossas mentes, nossa inteligência e as circunstâncias concretas de nossas próprias vidas e aquelas de nossas famílias e pessoas queridas. Neste sentido, a mente humana reflete em algum grau a própria mente do Criador, que criou os céus e a terra, todas as plantas e animais, e, por fim, a pessoa humana, moldada à sua imagem e semelhança. Nossa capacidade de descobrir e, até mesmo, de criar valor é uma extensão do poder da razão que nos foi dado à imagem de Deus em nossa própria natureza. Deus "pôs o mundo em nossos corações" (Eclesiastes 3:11)[13]. Na pessoa, a vontade e a ação são uma coisa só, combinando os aspectos interiores e exteriores da natureza humana. Deus nos criou como agentes livres, responsáveis e independentes.

Vemos tudo isso no plano temporal ou externo, na medida em que testemunhamos as pessoas que são especialmente habilidosas em descobrir e criar valor subjetivo para si e os outros. E, neste plano, precisamos ter cuidado para não cultivar sentimentos de ciúmes ou inveja, isto é, o desejo de destruição. A alternativa é o cultivo e apreciação do raro talento criativo que pode desvelar benefícios para os outros e a sociedade em geral. O futuro é sempre incerto, então, pessoas que estão dispostas a assumirem riscos responsáveis e advertidos são preciosas – sobretudo quando arriscam seus próprios recursos.

Ainda assim, a parábola revela algo mais elevado do que as lições mundanas que podemos extrair da vida comercial. Aponta para a sabedoria transcendente ao mundo e nos inspira a decodificar o convite à graça e à união com Deus escondido dentro do mundo material, que nos direciona para além de nós mesmos. É o Reino de Deus que estamos buscando aqui – aquele valor acima de todos os valores, o bem objetivo, eterno, intrínseco e supremo. Embora essa parábola diga respeito ao subjetivo e temporal, aponta para coisas além disso. Nossos negócios, nos quais buscamos encontrar valor econômico ao empregar recursos desconhecidos ou subutilizados, não são totalmente diferentes de nossa descoberta de algo tão precioso e subestimado que engloba não apenas nosso tempo e nossas transações – mas a eternidade – e, de fato, o nosso destino.

O personagem central em nossa parábola é descrito como se estivesse vendendo todas as suas posses "pela alegria". Um sacrifício pode enriquecer, não apenas nos empobrecer. É a alegria, a alegria do Reino, que mais devemos valorar – estando dispostos a vender tudo o que temos para obtê-la.

---

13. Todas as citações deste livro foram retiradas da Bíblia King James de 1611, disponível em: https://bkjfiel.com.br/

CAPÍTULO 2

# A PARÁBOLA DA PÉROLA DE GRANDE VALOR

Novamente, o Reino do Céu é semelhante a um comerciante, que busca boas pérolas. E, tendo encontrado uma pérola de grande valor, foi e vendeu tudo quanto tinha, e comprou-a. (Mateus 13:45-46)

A Parábola da Pérola de Grande Valor compartilha alguns aspectos com a parábola anterior, a do Tesouro Escondido. Ambas tratam de encontrar algo de grande valor e decidir renunciar a todas as suas posses para obtê-lo. Ambas motivam o leitor a questionar o que leva uma pessoa a vender tudo para obter algo de valor superior. Ambas as parábolas, então, iluminam o curso da vida humana, em que somos continuamente confrontados com oportunidades de renunciar a "um pássaro na mão" em prol de "dois voando", como diria o velho ditado.

A Parábola da Pérola de Grande Valor baseia-se na experiência de um comerciante. Na Vulgata, Jerônimo (347 d. C – 420 d. C)[14] traduz *emporo* unin-

---

14. Conhecido pelos católicos romanos como São Jerônimo, ou Jerônimo de Estridão, foi um sacerdote estudioso de línguas antigas e destacado historiador eclesiástico dos primeiros séculos. Dado a destacada capacidade intelectual do padre Jerónimo, o Papa Dâmaso I (305 d. C – 384 d. C) encomendou a ele uma tradução integral dos textos bíblicos canônicos, do seus originais ao latim; a tradução e compilação dos textos por Jerônimo – que ocorreu entre o final do século IV e início V – ficou popularmente conhecida como *vulgata editio*, vindo a tornar-se uma das

do a palavra grega para "comerciante" com a latina *negociator*, a qual implica uma pessoa que negocia algo, que busca vender algo para alguém a um preço alto ou comprar algo a um preço baixo[15]. É a pessoa que deseja fechar um negócio, que leva as coisas a uma conclusão. A parábola é tão curta que realmente não sabemos se o protagonista pretende vender a pérola ou se ele é um colecionador. Mas ele está envolvido em um tipo de atividade que se repete diariamente no mercado de ações. Trata-se de um processo comum em todos os bazares de rua ao redor do mundo. Preços flutuam com base na valoração humana, no conhecimento subjetivo das partes da troca e na disponibilidade de recursos. Um grande negociador busca encontrar um preço de equilíbrio em que a troca pode ocorrer que satisfaça cada parte envolvida.

Obviamente, o fato de Jesus adotar um bem de luxo como a imagem central deste texto não é uma legitimação dos bens de luxo em si. Tampouco é uma condenação deles. Apenas reflete o fato de que as pessoas valoram coisas distintas em níveis distintos. Quando pessoas com princípios diferentes se juntam, frequentemente trocam coisas que dão menos valor por outras que valorizam mais – em vez de permanecerem estáticas ou desconectadas entre si.

Muitos cristãos devotos consideram moralmente suspeito que pessoas se unam para compartilhar e trocar bens para benefício mútuo. Alguns têm a impressão de que a caridade e o comércio, ou a profissão de fé e a troca econômica, são sempre antitéticas. É curioso que a experiência necessária e universal de comerciantes e consumidores leve a tal visão negativa. Tais fiéis são frequentemente levados a supor que o cristão devesse adotar uma posição que busca afastar, ou tornar espiritualmente irrelevantes, as ações de uma economia de mercado porque, de alguma forma, em vez de serem baseadas no amor e no bem comum, os negócios são inevitavelmente motivados por egoísmo e ganância, apesar de nossa dependência de tais atividades. Mas essa preocupação não é expressa nesta parábola.

Embora claramente não seja o objetivo desta parábola nos ensinar sobre a importância do comércio, parece-me difícil ver, com base nesta e em outras pará-

---

traduções e edições mais utilizadas ao longo da história cristã e ainda hoje objeto de estudos e comparações. (N. E.)

15. *Biblia Sacra: Juxta Vulgatam Clementinam*. Ed. Michael Tweedale. London: Baronius Press, 2008), Novum Testamentum, p. 20.

bolas de Jesus, como a rejeição total ao comércio, troca e negócios ganhou tal força entre os cristãos. Com tamanha frequência, as parábolas abordam temas desde o comércio até as reflexões morais mais amplas sobre o objetivo de nossas vidas, de nossos relacionamentos com os outros, e mesmo de nosso relacionamento com Deus que é complicado ver como o comércio pode ser mau. Isso não é reduzir a "economia do Reino", ou o que os teólogos chamam de "economia da salvação", à economia da vida em geral. Não obstante, a economia mundana e ordinária da qual trato aqui permanece uma esfera digna de contemplação e reflexão, haja vista o envolvimento frequente de Jesus nesses tipos de histórias.

Não é preciso dizer que o mundo de dois mil anos atrás era um mundo diferente do que a maioria de nós conhece hoje, no qual mais famílias podem viver em casas decentes e comprar em grandes lojas, coisas que não só teriam sido inacessíveis para a maioria das pessoas da época, mas nem mesmo existiam. Em grande parte da história humana, a vida não passava de uma luta por necessidades básicas como alimento e moradia, o que significava que os conflitos econômicos ocupavam grande parte da vida das pessoas. Se refletir sobre Deus, ou sobre o desafio do Reino de Deus, algum dia fosse possível, isso teria que ser feito dentro dessa realidade humana – como Jesus faz nesta e em muitas outras parábolas.

Hoje, as coisas mudaram. Temas culturais como esportes ou filmes nos unem, enquanto a força unificadora no mundo antigo era o esforço para obter os elementos essenciais da vida: moradia, vestimenta, alimento e saúde. Ao buscar encontrar as pessoas onde estavam, Jesus falava de temas muito familiares a elas, o que normalmente envolvia a vida comercial. Se Jesus falasse em parábolas hoje, ele poderia, como muitos pregadores modernos, empregar analogias ou metáforas dos esportes ou entretenimento – não para endossar toda partida de futebol ou série de TV, mas para atrair pessoas e encaminhá-las para o Reino.

Em muitos calendários litúrgicos modernos, o ciclo das leituras do Evangelho normalmente apresenta todas as parábolas de Jesus, e a Pérola de Grande Valor é sempre marcante. É uma das oito parábolas curtas do capítulo 13 de Mateus, e ela não tem mais de duas frases.

Esta parábola, junto com muitas outras, convida-nos a contemplar nossas ações, inclusive as de compra e venda: ações que muitos filósofos, desde o mundo antigo até os nossos dias, consideram degradantes. Em contraste,

Jesus usa o comércio como um meio de obter conhecimento sobre essas ações, a fim de elevar nosso olhar para o mais elevado dos valores: o Reino de Deus. De fato, é uma metáfora que está sendo empregada, ainda assim é intrigante Jesus escolher esta metáfora em particular. O custo do discipulado, segundo Jesus, é renunciar a tudo na vida; de fato, renunciar à própria vida, tomar a sua cruz e segui-lo (Mateus 16:24).

Uma pérola raramente é uma compra essencial. Não é algo para comer. Ao contrário de vestimentas, não atende uma função utilitária. Foi e continua sendo um bem de luxo, valorado como tal no mundo antigo tal como o é hoje. Obter pérolas não era fácil. No mundo antigo, não podiam ser fabricadas; tinham que ser descobertas. A mais valiosa delas era perfeitamente redonda e translúcida[16].

Para ilustrar quão valiosas as pérolas eram consideradas, Plínio, o Velho, descreve como Cleópatra, disposta a impressionar Marco Antônio com sua opulência, certa vez dissolveu no vinagre uma pérola valorada em 100 mil peças de ouro, bebendo-a na frente dele. Hoje, isso seria equivalente a meio milhão de dólares. Um memorável primeiro encontro, sem dúvida[17].

A pérola era um bem de luxo e é apresentada sem condenação na parábola. Em vez disso, Jesus retrata o comerciante como sábio por ter priorizado vender o que deve ter sido uma quantidade substancial de propriedade para obtê-la. O que poderia ser visto como um bem material supérfluo, pode ser visto pelos outros como algo maravilhoso, até mesmo um reflexo da beleza da própria Criação. As perspectivas das pessoas e, portanto, o valor que atribuem aos objetos, varia.

Considere, também, que uma pérola é pequena e aparentemente insignificante. Seu valor só pode ser totalmente estipulado por um conhecedor que aprecia a fineza e singularidade que possui. Para apreciar as qualidades de uma pérola fina, é necessário conhecimento, especialidade e até domínio do assunto. De fato, precisamos de olhos para ver e ouvidos para ouvir o que está a nossa frente.

---

16. Fonck, Leopold. *The Parables of Christ: An Exegetical and Practical Explanation.* Ed. George O'Neill. Fort Collins, Colorado: Roman Catholic Books, 1997. p. 196.
17. Cornelius Cornelii à Lapide. *The Great Commentary of Cornelius à Lapide.* Vol. 2. Fitzwilliam, New Hampshire: Loreto Publications, 2008. Livro 9, cap. 35.

Retóricos, homilistas e contadores de história frequentemente desprezam os comerciantes, retratando-os como exemplos de superficialidade e ganância. E, certamente, as práticas de muitos deles proveram muitas razões para tal. Mas, nesta parábola, o comerciante é apresentado como uma pessoa honrada que possui conhecimento especial e sofisticação, como alguém que age de forma sábia, prudente, boa, virtuosa e, até mesmo, corajosa. Jesus o retrata como um herói em vez de um vilão. Esse comerciante tem prioridades claras.

Vale a pena refletir sobre o termo "comerciante" por um instante, que normalmente indica alguém que vende bens. De fato, esse comerciante não vende seus bens para comprar a pérola de maior valor. Mas podemos detectar algo mais profundo: ele é uma pessoa que descobre algo de grande valor e está disposto a assumir grandes riscos para obtê-lo. A parábola não retrata o comerciante como alguém que apenas coleta dinheiro. Ele é um negociador.

O negociador pode ser visto como um tipo de pacificador, na medida em que estabelece termos adequados que beneficiam todas as partes em uma negociação.

Novamente, a tradução latina da parábola é útil para o aprofundamento de nossa apreciação acerca do papel que esse comerciante desempenha: ao invés de "encontrou uma", ela utiliza "inventa uma". *Inventa* é, obviamente, a raiz do termo "inventar", que significa criar algo que ainda não existia. Obviamente, esse comerciante não cria literalmente a pérola do nada, mas inventa ou cria um valor que ainda não existia – tanto por seu conhecimento do valor geral das pérolas dessa qualidade como pela descoberta de sua disponibilidade. É neste sentido que ele gera valor onde ainda não existia. O negociador observa a possibilidade de que a pérola poderia ser de enorme valor e, então, arrisca tudo que tem para obtê-la.

Descrevemos um negociador que inventa ou descobre valor como um empreendedor – uma palavra reveladora que implica crescimento. Aqui os falantes do inglês adotaram a palavra francesa para descrever uma pessoa que cria ou dá início a um novo projeto, ou aquela que concretiza uma nova oportunidade ou projeto, assumindo os riscos de mercado para vê-lo tornar-se realidade.

Nesta parábola, notamos que o empreendedor não acha a pérola dentro de uma ostra na praia, onde normalmente elas são encontradas. Em vez disso, ele a encontra no mercado, sob a propriedade de outro, e a compra. Isso exige poderes de previsão (identificar o valor da pérola quando outros a negligenciaram) e persuasão (para fechar o acordo). Jesus utiliza esse cenário em relação ao Reino do Céu como um exemplo ao qual aludi antes – uma lição sobre o Reino extraída dos hábitos e processos de negócio.

Ao longo da minha vida, frequentemente me deparei com o sentimento que expressa, de uma forma ou outra, uma suspeita moral de que a propriedade privada é uma expressão de ganância, enquanto favorece algum tipo de propriedade coletiva que é considerada mais generosa ou orientada para a sociedade. A lição dessa parábola emerge apenas quando o acordo permite que aquilo que é privado seja precificado e vendido no mercado para outros proprietários potenciais. Novamente, não pretendo inserir um significado nessa parábola que não foi a intenção de Jesus ensinar, nem creio que Ele esteja especificamente tentando apresentar um aspecto econômico. Em vez disso, Jesus aceita os *insights* que advêm da realidade econômica, e assim nos permite derivar algum *insight* dos princípios e pressupostos já contidos na parábola. Dessa forma, podemos aplicá-lo ao contexto moderno.

Para reforçar, essa parábola não é uma lição em teoria dos preços; estamos lidando aqui com metáforas. O que Jesus reafirma é que o Reino de Deus tem um preço: ele está falando da noção geral de custo e valoração, que também contém uma dimensão econômica. A lição é que devemos renunciar a todos os acordos temporais, incorrendo em alguns "custos" para obter algo de valor infinitamente maior. E isso exigirá de nós o mesmo tipo de discernimento, disposição ao risco, e confiança de que o nosso julgamento do risco é apropriado para o objetivo que o comprador da pérola exibe. Assim, temos que escolher o nosso caminho entre diversos valores concorrentes e os vícios dentro de nossos corações que as alternativas oferecem. Na vida de Jesus, conhecemos aquele que pagou o preço último de sua vida para apresentar a vida eterna para todos. Meu argumento é o de que, a menos que falemos de alguma forma sobre um "preço" que também implica um "custo", não podemos apreciar substancialmente o "valor" do Reino de Deus. No mínimo, a linguagem da economia pode nos colocar além do mundo material.

A estrutura da troca comercial permite-nos entender a lição transcendente em um nível mais profundo. Logo, ver o processo de compra e venda característico dos comerciantes e empreendedores apenas como algo mau irá sobrecarregar a nossa mente, fazendo-nos perder de vista o significado essencial dessa parábola.

Se entendermos o papel adequado da atividade comercial e apreciarmos lucros, perdas e comércio como parte da estrutura limitada deste mundo, nosso *insight* sobre essa e outras parábolas será aperfeiçoado.

Entender o mercado, operar dentro de suas contingências, e descobrir formas pelas quais essas questões temporais iluminam as verdades cristãs que afiam nossas vocações como empreendedores espirituais são coisas que nos permitem ver que, no final, o que é de valor último e dá significado a toda estima que vem de Deus, e a Ele deve retornar. A menos que estivermos preparados a renunciar a tudo, até mesmo correndo riscos no processo, quando tal oportunidade se apresenta a nós, podemos não obter aquela coisa de valor mais elevado, infinito. Tudo isso, é claro, demanda fé em um fim que ainda não podemos vislumbrar.

Não há nada de maior valor neste mundo do que ser um com Deus, tanto temporal como eternamente, ou seja, abraçar a verdade em toda a sua plenitude. Ver e entender isso requer um *insight* não muito diferente daquele de um empreendedor. Obter tal *insight* significa estar disposto a engajar-se em um tipo de troca na qual renunciamos ao que previamente pensávamos ser valioso para obter algo ainda mais maravilhoso.

De fato, uma Pérola de Grande Valor.

CAPÍTULO 3

# O SEMEADOR

~~~

E falou-lhes muitas coisas por parábolas, dizendo: Eis que um semeador saiu a semear; e quando ele semeava, algumas *sementes* caíram junto ao caminho, e vieram as aves e as devoraram. Algumas caíram em lugares pedregosos, onde não havia muita terra; e imediatamente elas brotaram, porque não havia terra profunda. E quando o sol nasceu, queimaram-se; e porque não tinham raiz, elas murcharam-se. E outras caíram entre espinhos, e os espinhos cresceram e as sufocaram. Mas outras caíram em boa terra, e deram fruto, algumas cem vezes, outras a sessenta vezes e outras a trinta vezes. Quem tem ouvidos para ouvir, ouça.
(Mateus 13:3-9)

Nem toda parábola contém uma explicação de seu significado, mas a Parábola do Semeador, sim. Jesus nos diz que ela se refere à resposta à Palavra de Deus. O semeador é um pregador; e as sementes, a verdade[18]. Aqui, como frequentemente na Escritura, o Reino do Céu é comparado a uma colheita[19].

A lição aqui é sobre receptividade, comunicada através da metáfora da terra; é uma lição sobre as reações variadas das pessoas, algumas das quais são

---

18. Scott, Bernard Brandon. *Hear Then the Parable*. Minneapolis, Minnesota: Fortress Press, 1990. p. 344.
19. Jeremias, Joachim. *Rediscovering the Parables*. New York: Charles Scribner's Sons, 1968. p. 118.

bem-intencionadas para o Reino do Céu, enquanto outras não. Obviamente, a terra não se prepara sozinha para a semente. Mas aqui a terra representa as pessoas. Alguns aceitam a Palavra, mas não se apropriam dela, logo, sua fé murcha. Outros aceitam a Palavra, mas apenas superficialmente, e quando surge a dificuldade, a Palavra é descartada ou traída. Existem níveis variados de compreensão e tenacidade, mas em apenas um caso nesta parábola a fé produz um crescimento espetacular: quando permitimos que ela penetre profundamente.

Para apreciar o significado da parábola é necessário entender essa metáfora agrícola, o que teria sido muito mais fácil em uma época em que a maioria da população sobrevivia da agricultura. A história responde a várias questões. Poderíamos questionar se a natureza é nossa amiga ou nossa inimiga, ou até que ponto nossas mentes precisam estar engajadas para sermos produtivos, a fim de cultivar a terra (ou a nós mesmos) e sermos mais receptivos? Poderíamos até refletir sobre uma questão frequentemente levantada hoje sobre o abuso da terra, sobre o abuso ou a negligência que a torna menos receptiva e produtiva.

Assim como uma colheita de trigo não é produzida em um dia – requer preparação, cultivo e espera – podemos prever que o Reino de Deus não surgirá em sua plenitude repentinamente: é preciso preparo e saber esperar. É mais como uma pequena semente que cresce sistemática e incansavelmente, mas apenas sob as condições corretas.

Como todo agricultor sabe, uma semente não pode florescer sob quaisquer condições. Ela pode ser comida por pássaros, sufocada por pestes, não encontrar solo em que crescer, ou ser castigada pelo sol. Fatores internos e externos também podem colaborar. O que constitui um bom solo? Essa é uma questão crítica, sob a qual a economia pode lançar luz. Uma boa terra – ou seja, um solo produtivo propício ao florescimento – é um solo cultivável. Para ser produtivo, o esforço dedicado ao seu cultivo pressupõe um conhecimento sobre as necessidades nutricionais de cada colheita específica. Certamente, nas primeiras regiões do mundo que ouviram essas parábolas, a maior parte da terra não era adequada em seu estado natural. Eram muito áridas, naturalmente secas. Para que fosse adequada para suportar o crescimento, precisava ser arado e bem-preparada: as pedras tinham que ser removidas e os espinhos, retirados; o solo tinha que ser regado; e as colheitas, protegidas de pestes e outros animais daninhos.

Preparar a terra exigia mãos humanas orientadas pela inteligência humana. Habilidade, estudo, experiência e boa gestão eram necessários. O que está em jogo aqui não é apenas a legitimidade e a dignidade do trabalho humano, mas também a sua necessidade. Contrário a alguns juízos contemporâneos, é a própria manipulação – no significado mais verdadeiro da palavra, que é "fazer com suas próprias mãos" – do ambiente natural que transforma um terreno estéril em produtivo. Esforço deve ser aplicado no solo. Uma tendência – ou melhor, um preconceito moderno – quer nos convencer de que um ambiente pristino e intocado pela humanidade é, de alguma forma, moralmente superior.

E, ainda assim, obstáculos que evitam que as pessoas cultivem a natureza frequentemente a tornam improdutiva. E com que objetivo? Se a terra é valiosa apenas para fins turísticos, os obstáculos ao seu cultivo são compreensíveis, embora mesmo nesses contextos seja preciso algum tipo de manutenção e cuidado. Mas quando limitações ao cultivo humano da terra são impostos com base na crença equivocada de que, de alguma forma, a terra descuidada é moralmente preferível à terra trabalhada e cultivada, surgem os problemas. Nem sempre a selva deve ser preferida ao jardim.

Para aqueles que seguem algum tipo de religião ambientalista, a parábola de Jesus será incompreensível. Um semeador só pode preparar o solo se for seu proprietário legal ou contratado por este para fazer o trabalho. Isso garante que a terra e seu valor crescente serão protegidos de invasão, roubo ou expropriação.

Permita-me esclarecer: não estou dizendo que a intenção da parábola seja defender a legitimidade da propriedade privada. Nem mesmo a proibição ao roubo do oitavo mandamento tem esse propósito, embora implique a propriedade privada. A economia não é o foco dos mandamentos ou das parábolas. Simplesmente, a propriedade privada é considerada parte da estrutura da história e, de fato, um requisito da natureza humana em sua realidade temporal. Mas, como esta e outras histórias similares não fariam muito sentido sem pressupor a propriedade privada, penso que seja um exercício válido examiná-la. Esse esforço aumentará nossa apreciação pelo drama das parábolas.

Em minha opinião, é incrível que uma instituição tão essencial tenha sido alvo de ataques severos e ceticismo ao longo dos séculos, principalmente em nome da religião. Mesmo a metáfora de um jardim, algo que é normalmente possibilitado pela propriedade privada, levanta a questão do florescimento – ou, como é chamado no campo da economia, o lucro. A falta de direitos de propriedade frequentemente resulta em caos: a selva substitui o jardim quando as pessoas não são mais capazes de atribuir valor à terra. A propriedade pública é menos produtiva na medida em que desencoraja a responsabilização. A propriedade coletiva forçada (e, nesse sentido, até a propriedade coletiva voluntária) pode promover a cultura da "carona". Como nenhuma pessoa é responsável por sua manutenção, todos esperam que o próximo assuma as tarefas. Pense na situação típica de um banheiro público. Isso tem sido chamado de "a tragédia dos comuns".

São Tomás de Aquino oferece-nos uma explicação excelente deste ponto:

> Relativamente às coisas exteriores tem o homem dois poderes. Um é o de administrá-las e distribuí-las. E, quanto a esse, é lícito que possua suas próprias coisas, o que é mesmo necessário à vida humana, por três razões. A primeira é que cada um é mais solícito em administrar o que a si só lhe pertence, do que o comum a todos ou a muitos. Porque, neste caso, cada qual, fugindo do trabalho, abandona a outrem o que pertence ao bem comum, como se dá quando há muitos criados. Segundo, porque as coisas humanas são melhores tratadas se cada um emprega os seus cuidados em administrar uma coisa determinada; se, ao contrário, cada qual administrasse indeterminadamente qualquer coisa, haveria confusão. Terceiro, porque, assim, cada um, estando contente com o seu, melhor se conserva a paz entre os homens[20].

Para colher os benefícios do que é plantado, alguém precisa ser responsável pela propriedade. Essa pessoa precisa controlar o ambiente de uma forma mais condutiva à produtividade e à colheita eventual. Pode ser o proprietário ou alguém contratado para cuidar de seus interesses, quem pode cuidar da terra até com maior conhecimento e precisão que o proprietário.

A parábola nos ensina muito sobre a receptividade da terra à semente. Quando a semente é, de fato, cultivada no ambiente certo, preparado pelas mãos humanas, pode dar um retorno de 30% a 100% sobre o que foi semeado.

---

20. Aquinas, Thomas. *Summa Theologiae*. London: Blackfriars, 1975, II–II, p. 66, r. 2.

Uma única semente pode não apenas se tornar uma colheita; pode lançar as bases para maior crescimento e prosperidade.

Claramente, essa imagem é uma alegoria para a evangelização, a força da fé e a oferta universal de redenção. O relacionamento com Deus é oferecido sem limites para qualquer pessoa que o busque, pois o amor de Deus é infindável. O conceito de lucro, o ganho da atividade econômica que resulta do bom uso dos recursos, ilumina a mensagem soteriológica e a aproxima de nós, tornando-a mais compreensível para todos. Como o lucro se assemelha à evangelização? Ambos envolvem ser produtivos na realização do que alguém se dispõe a fazer.

Reflita por um momento sobre o que significa lucrar. É obter um ganho, em vez de uma perda, em determinada atividade econômica. Lucros são frequentemente considerados moralmente suspeitos, às vezes pelas mesmas razões que a evangelização o é, na medida em que pode ser exploradora e desrespeitar a dignidade humana. Mas, em um sentido estrito, lucrar significa apenas evitar um prejuízo. No comércio, é valioso descobrir evidência tangível de que as suas atividades produziram um ganho para todos ao gerar um benefício em relação a uma condição anterior. Lucrar é produzir uma colheita que vale mais que o esforço dedicado a plantá-la. De forma direta, o lucro é "uma indicação de que um negócio está funcionando bem"[21].

Em qualquer troca econômica, duas coisas diferentes devem ser harmonizadas. A primeira é o valor subjetivo para o consumidor: o que ele vê como desejável, útil ou necessário. Esse é o nível de utilidade – uma inegável e importante verdade econômica. Isso é paralelo à dinâmica que opera quando a mensagem de Cristo é proposta a alguém que, então, conclui que as suas necessidades serão atendidas se decidir aceitá-la.

Essa segunda realidade opera ao mesmo que a primeira. Quem realiza a troca é a pessoa humana; embora exista uma verdade econômica sobre as condições humanas, não é *toda* a verdade. Algo mais precisa ser levado em conta, algo que aborde um entendimento mais amplo da pessoa humana. Reiterando: a dimensão subjetiva é verdadeira e útil para o cálculo; mas *não* é toda a verdade sobre a pessoa humana.

---

21. Papa João Paulo II, *Centesimus annus* (1º de maio de 1991). Seção 35. Disponível em: https://www.vatican.va/content/john-paul-ii/pt/encyclicals/documents/hf_jp-ii_enc_01051991_centesimus-annus.html.

Há um lucro psicológico associado a toda ação econômica. As pessoas trocam entre si com a expectativa de que a sua situação melhorará após a troca. De outra forma, por que decidiriam participar dela? É o mesmo com os investimentos, do qual o cultivo da terra pode ser um exemplo. Todos queremos apoiar esforços exitosos, e a lucratividade é um indicativo disso. Isso se aplica a uma economia de mercado tal qual ao cultivo da terra. Da mesma forma, esforços de evangelização contêm a esperança de lucratividade espiritual, como vemos na metáfora de Jesus: "Então ele disse aos seus discípulos: a colheita verdadeiramente é grande, mas poucos *são* os trabalhadores. Orai, pois, ao Senhor da colheita, que envie trabalhadores" (Mateus 9: 37-38). Essa dinâmica criativa, quando transformada em hábito, pode encorajar uma tendência a recompensar ou apoiar decisões consistentes com o uso prudente de recursos e a conquista dos objetivos propostos. Na medida em que os humanos dependem da abundância para viverem melhor, tal dinâmica pode ajudar justamente a produzi-la.

Em uma economia de mercado (em oposição a, digamos, uma cleptocracia), lucros altos só são possíveis quando um vendedor oferece produtos ou serviços que os consumidores desejam adquirir, a preços que eles consideram atrativos. Isso não significa que os produtos que eles escolhem serão sempre os melhores, ou que o livre mercado em si encoraja a virtude. A troca de mercado baseia-se no valor subjetivo que um consumidor atribui a um produto, e não nos valores objetivos que são mais bem chamados de virtudes. A tarefa crítica de formar personalidade e consciência depende primariamente dos pais, diretores, guias espirituais e outras autoridades, e não das instituições econômicas como tais.

O livre mercado permite que as pessoas obtenham os bens e serviços que desejam, não importa se seus desejos são por bens reais ou ilusórios. Outras instituições são necessárias para canalizar seus desejos para o que é verdadeiramente bom, ao prover a habituação moral à virtude. A crença errônea de que o mercado é suficiente para resolver todos os problemas da humanidade é o tipo de "dogma neoliberal" que colocaria tudo à venda[22].

---

22. Papa Francisco. *Fratelli tutti* (3 de outubro de 2020). Vaticano. Seção 168. Disponível em: https://www.vatican.va/content/francesco/pt/encyclicals/documents/papa-francesco_20201003_enciclica-fratelli-tutti.html; Kuttner, Robert. *Everything for Sale: The Virtues and Limits of Markets*. Chicago: University of Chicago Press, 1999.

Devemos entender que a economia reflete apenas valores subjetivos, e não virtudes. Empreendedores lucram na medida em que servem o público, no sentido da satisfação dos desejos subjetivos de cada consumidor, sejam eles virtuosos ou viciosos. Mas quando esses gostos subjetivos são elevados, a realização desses desejos pode ajudar na formação de uma cultura mais virtuosa em ambientes onde a empresa progride e os produtos desejados são produzidos em abundância.

Diferentemente dos artistas, empreendedores são os exemplos mais óbvios de pessoas que usam os talentos criativos que lhe foram confiados pelo Criador para o bem autêntico dos outros. Em uma economia de mercado, as outras pessoas também podem exercer a virtude do empreendedorismo e da criatividade de diversas formas. Trabalhadores podem descobrir melhores formas de realizar tarefas, e proprietários serão sábios se estiverem abertos às sugestões deles, sempre atentos às melhores alternativas. A flexibilidade de ser capaz de trocar de emprego e buscar novas oportunidades mais adequadas ou receptivas a esses *insights* oferece uma garantia institucional de que aqueles que tiverem novas ideias e talentos podem descobrir formas e circunstâncias melhores para colocá-las à disposição dos outros, contribuindo para o bem-estar geral da sociedade.

De certa forma, somos todos semeadores e aradores do solo. Na medida em que vivemos diligentemente nossas vocações, podemos esperar ver resultados positivos, o que poderíamos chamar de "produtividade". A Parábola do Semeador não fala de limites ao crescimento, mas sim do potencial de crescimento. O mundo das parábolas não é um mundo de escassez, mas um mundo onde existe a promessa de abundância sob as condições certas.

Quase todos dizem que apoiam economias em crescimento e prosperidade. Mas pouca atenção é dada às condições que possibilitam essas coisas. Nem todos os arranjos institucionais favorecem igualmente o crescimento econômico. Economias não podem crescer se forem sufocadas pelos espinhos das regulações e impostos confiscatórios. Não podem crescer se o ambiente em que estão situadas não contêm os elementos adequados que protegerão, encorajarão e sustentarão a produtividade. Nesta parábola, as pedras podem ser encaradas como uma metáfora de uma economia totalmente controlada, como um conjunto estático e imóvel de obstruções que permitem pouco desenvolvimento, produtividade ou criatividade, o que impede o crescimento e, às vezes, impõe obstáculos insuperáveis à criatividade. Qualquer nova invenção que é tentada imediatamente perece porque não há solo em que possa crescer, nem espaço para florescer.

A consciência econômica nos permite ver como essa parábola reforça a legitimidade moral e prática da propriedade privada, da realização humana e do crescimento econômico. Afinal, todos semeamos neste mundo com a esperança de produzir em abundância. Todas as ações que tomamos, mesmo se forem equivocadas, são realizadas com a esperança de tornar uma situação melhor, diminuindo o sofrimento de alguma forma. O solo deve ser receptivo para alcançarmos esse propósito. A lição central da Parábola do Semeador relaciona-se à receptividade do coração humano à oferta da graça, a estar disposto a ouvir, aprender e receber. O desejo de aceitar a verdade é um desafio, e é vital conhecer o que facilita ou dificulta o processo.

CAPÍTULO 4

# OS TRABALHADORES NA VINHA

~~~

Porque o Reino do Céu é semelhante a um homem *que é* um chefe de família, que saiu de manhã cedo para contratar trabalhadores para a sua vinha. E, tendo acordado com os trabalhadores um denário por dia, mandou-os para a sua vinha. E ele saindo perto da hora terceira, viu outros que estavam ociosos no mercado, e disse-lhes: Ide vós também para a vinha, e dar-vos-ei o que for justo. E eles foram pelo caminho. Ele saindo outra vez, cerca da hora sexta e da nona, fez da mesma forma. E, ele saindo cerca da hora undécima, encontrou outros que estavam ociosos, e disse-lhes: Por que estais ociosos todo o dia? Eles disseram-lhe: Porque nenhum homem nos contratou. Ele disse-lhes: Ide vós também para a vinha, e tudo quanto for justo, vós recebereis. Assim, vindo a tarde, o senhor da vinha disse ao seu mordomo: Chama os trabalhadores, e paga-lhes o salário, começando pelos últimos até aos primeiros. E, vindo os que foram cerca da hora undécima, receberam cada homem um denário. Vindo, então, os primeiros, eles pensaram que haviam de receber mais; mas do mesmo modo recebeu cada homem um denário. E, recebendo-*o*, murmuravam contra o dono da casa, dizendo: Estes últimos trabalharam somente uma hora, e os fizestes iguais a nós, que suportamos o fardo e o calor do dia. Mas ele, respondendo, disse a um deles: Amigo, eu não te faço injustiça; tu não combinaste comigo um denário? Toma o *que é* teu, e vai-te pelo caminho; eu quero dar a este último tanto como a ti. Não me é lícito fazer o que eu quero do que é meu? Ou é mau o teu olho porque eu sou bom? Assim os últimos serão os primeiros, e os primeiros os últimos; porque muitos são chamados, mas poucos os escolhidos. (Mateus 20:1-16)

É surpreendente o poder duradouro das parábolas ao lermos esse ensinamento. Após dois mil anos, o drama persiste. Permanecemos cativados pela história e nos identificamos com os personagens. As questões da Parábola dos Trabalhadores na Vinha ainda nos afetam diretamente. (Podemos sentir o estresse de se ter uma plantação pronta para a colheita e precisar de trabalhadores para tal, afinal, todos nós encaramos prazos de um tipo ou outro). Isso dá força à história. Essa parábola ilumina a escolha humana de aceitar a graça de Deus, com suas respectivas recompensas. Além disso, aborda questões relacionadas à justiça e à igualdade de salários no mercado e mostra como o caráter e a recompensa pelo trabalho não são facilmente separáveis. A parábola revela algo sobre o vício da inveja, bem como sobre a virtude da generosidade.

Essa parábola contém uma dura verdade: trabalhadores são pagos por acordo mútuo. No escopo de consideração moral, essa pode não ser a palavra final, mas é a mais importante. A evolução da história desperta uma simpatia pelos trabalhadores que trabalharam o dia inteiro e não receberam mais do que os que trabalharam apenas uma hora. Mas, conforme nos aprofundamos, questionamos se nossa simpatia pelos trabalhadores de tempo integral é, na verdade, baseada em um tipo de ressentimento contra a generosidade. Afinal, ninguém está sendo enganado aqui. Surpreendido – sim, até desapontado – mas não lesado ou tratado de forma injusta. O chefe da vinha está correto, na medida em que os salários altos dos últimos trabalhadores são uma forma de caridade.

Existem inúmeros *insights* espirituais e materiais que podemos extrair dos detalhes dessa história instigante.

Nesta história, um proprietário precisava de trabalhadores em sua vinha e, portanto, ofereceu pagar um denário a eles, o que, segundo os melhores estudos, não passava de um salário de subsistência e nada mais[23].

---

23. Scott, Bernard Brandon. *Hear Then the Parable*. Minneapolis, Minnesota: Fortress Press, 1989. p. 291; Alejandro Chafuen cita o economista escolástico tardio Juan de Molina em um tema relacionado no livro *Faith and Liberty* (Lanham, Maryland: Lexington Books, 2003. p.106):

Mesmo que ninguém tivesse sido forçado e todos tivessem ido por vontade própria, existia muito espaço para caridade. Um número suficiente de trabalhadores apresentou-se para começar o dia de trabalho. Mas, na metade da manhã, o chefe da vinha percebeu que não eram suficientes para completar o trabalho. Isso representava a catástrofe potencial de uma parte substancial da colheita ser perdida pela falta de trabalhadores.

Notando a escassez de trabalhadores e sendo um empreendedor, o chefe da vinha foi à cidade e observou um número de homens fortes ociosos. Ele perguntou por que estavam ociosos, e eles responderam que ninguém lhes havia oferecido trabalho. Ele os contratou, mas disse que o pagamento dependeria de seu desempenho. Eles concordaram. Ao longo do dia, ele fez o mesmo, contratando todos os trabalhadores que pôde encontrar. Por fim, tinha o suficiente para completar o trabalho até o final daquele dia.

Ele ficou satisfeito que o trabalho tinha sido feito, e podemos imaginar que se sentiu muito generoso ao final do dia. Sua generosidade ficou clara na hora do pagamento. Ele pagou os salários aos últimos homens que chegaram à vinha – curiosamente, a mesma quantia que tinha prometido às pessoas que tinham chegado primeiro. Eles devem ter ficado muito agradecidos. Ele pagou o mesmo para todos os outros. Então, aproximou-se dos primeiros contratados e, no final das contas, esses esperavam receber mais. Mas, para a surpresa deles, receberam exatamente o que lhes fora prometido, e não mais do que os que tinham trabalhado apenas por um breve período. A ordem do pagamento traz mais uma lição.

Eles fizeram o que qualquer pessoa faria no mercado: reclamaram com o proprietário. E a resposta dele continha três pontos importantes: o contrato, a legalidade e a moralidade.

Primeiro, ele destacou que isso não era uma questão de justiça, mas de perspectiva subjetiva, posto que tinha respeitado os termos daquele contrato específico. Esta é a definição de justiça: dar a cada um o que lhe é devido. Os trabalhadores tiveram a chance de aceitar ou rejeitar o contrato no início, e

---

Após considerar o serviço que um indivíduo presta, e os números grandes ou pequenos de pessoas que, ao mesmo tempo, prestam serviço similar, se o salário que é estabelecido para ele é, pelo menos, o salário mais baixo que é normalmente estabelecido naquela região para outros de mesmo ofício, o salário deve ser considerado justo.

eles o aceitaram. Portanto, como o proprietário corretamente destacou, eles não estavam reclamando do pagamento deles, mas do pagamento dos outros. Por fim, respondeu à pergunta de se tinha o direito de pagar aos outros o quanto quisesse. A resposta é "sim", pois, como ele deixara claro, tinha o direito de fazer o que quisesse com o seu próprio dinheiro: "Não me é lícito fazer o que quero do que é meu?" Se pensarmos, é uma questão bem simples, e deve ter sido frustrante para os primeiros trabalhadores.

Por último, e mais convincente, foi o seu argumento moral. Ao pagar os trabalhadores que vieram depois o mesmo salário por menos trabalho, ele estava agindo com generosidade. Ele pode ter feito isso para encorajá-los a trabalhar para ele no futuro. Ou, talvez, por pura caridade, por sentir que precisavam do dinheiro. Pode ter sido apenas uma reação à colheita abundante. Seja como for, mesmo se não estivermos dispostos a celebrar a boa fortuna dos outros, certamente não temos o direito de condená-la e invejá-los! O proprietário moralmente astuto questiona-lhes se invejam sua generosidade quando diz: "Ou é mau o teu olho porque eu sou bom?". Ele, então, libera todos eles.

Essa parábola nos ensina algo sobre a gratuidade de Deus na forma como trata aqueles que chegam a ele no último momento possível. O Bom Ladrão na cruz vem à mente. A salvação é oferecida a todos, não importando a tribo, a classe ou qualquer outra consideração; se viveram vidas sagradas ou se arrependeram minutos antes de sua morte. Esta é a essência da graça: é imerecida; não pode ser reivindicada como um direito. Em vez disso, é uma dádiva. Ao final do dia, todos os trabalhadores disponíveis tinham a oportunidade de trabalharem a vinha, assim como todos são convidados ao Reino de Deus. É um convite que precisa ser aceito, assim como a graça é aceita. O "pagamento" por aceitar a graça é a salvação. Todos que vêm a recebem. O propósito primário da história é revelar essa verdade de uma forma que se baseia na experiência prática.

Mas também podemos discernir a lição econômica prática da história. Primeiro, aprendemos que, em uma economia com propriedade privada e salários, não há pagamento igual para trabalho igual – ou melhor, não precisa haver. O correto é o pagamento contratado para o trabalho contratado. Qualquer coisa fora disso é discricionária. Certos clamores morais podem exigir pagar mais. A prudência certamente é necessária. E a decência pode exigir benefícios além do salário. Como sempre, certas normas e costumes culturais podem ser aplicáveis. É bom que todo trabalhador seja livre para fazer um contrato com quaisquer termos que considere apropriados para si, e que todo empregador seja livre para fazer qualquer oferta que julgue adequada para o seu negócio. A única obrigação de ambos é ser fiel aos termos do contrato. O empregado pode escolher trabalhar mais horas, assim como o proprietário pode escolher pagar horas-extras para quem chegar depois. Mas os seres humanos são mais do que contratantes e contratados. No entanto, sem esse primeiro passo, que revela quais são os custos verdadeiros, todo o negócio fraqueja. Esse é o tema da economia. Em nada nos favorece ofuscar essa realidade, mesmo quando decidimos complementá-la com outras considerações.

Em uma economia de mercado, as recompensas não são distribuídas como Karl Marx (1818-1883) imaginou que seriam. Preços e salários não são determinados pela quantidade de suor e músculos aplicados, mas, sim, pelo valor subjetivo do produto final. Dito de outra forma, é o valor para aqueles que irão ou não comprar o produto que determina o valor ou preço daquele produto. Economistas diriam que esse valor é "imputado" a todos os fatores de produção[24]. Por exemplo, trabalhadores produzindo computadores obsoletos não podem esperar o mesmo pagamento que outros produzindo a próxima geração de computadores. Por quê? Porque o valor monetário do trabalho está relacionado ao valor de mercado daquilo que ele produz – ou seja, ao valor subjetivo do produto para quem o compra. E a maioria das pessoas não irá comprar computadores obsoletos. O valor monetário do trabalho não é alguma quantidade arbitrária estabelecida pelo proprietário ou produtor; é o preço estabelecido pelo consumidor.

Isso não é porque um grupo trabalha mais do que o outro, ou é composto por pessoas que são, de alguma forma, superiores. É porque são mais capazes de servir às necessidades das pessoas, conforme determinadas por elas próprias e o valor que atribuem ao produto. Tal valor é refletido nos salários que lhes são pagos. O proprietário na parábola de Jesus estava empolgado pela colheita de sua vinha. Podemos imaginar que foi uma grande colheita – graças às ações perspicazes e determinadas dele. Feliz com isso, distribuiu o pagamen-

---

24. Von Wieser, Friedrich. "Return Value" in *Natural Value*, ed. William Smart. London: Macmillan, 1893. Livro 3, parte 1, cap. 1. Disponível em: https://oll-resources.s3.us-east-2.amazonaws.com/oll3/store/titles/1685/Wieser_1282_EBk_v6.0.pdf.

to de forma generosa. Foi o resultado final – o trabalho bem-feito – que determinou o salário. E o próprio mercado também pode ser "generoso" com pessoas que a maioria de nós não consideraria merecedoras.

Em virtude da realidade material limitada em que vivemos, os seres humanos dependem das atividades do mercado para garantir a sua sobrevivência. Dado que os humanos são mais do que entidades materiais, existe um algo mais, que supera a lógica do mercado, que os transformam em pessoas humanas.

A pessoa na melhor posição para determinar qual é o nível de subsistência é o próprio trabalhador. Um rápido "ajuste" regulatório – seja no mercado laboral ou através do controle de preços – gera uma distorção, o que impossibilita saber quais são os custos reais, qual é o preço ou salário sustentável.

O problema dos salários de subsistência é real. Mas esse problema real não é corrigido ao se ignorar a informação que a livre troca gera, ou ao se fingir que ela não existe. Embora nossa intenção seja garantir o bem-estar das pessoas, a falta de informação apenas impedirá as possibilidades de melhoria humana que a prosperidade oferece.

Quando empresários promovem legislação que irá prejudicar seus concorrentes, exibem o mesmo comportamento dos primeiros trabalhadores que trabalharam mais horas. Eles estão convencidos de que deveriam ser recompensados tão bem como os outros pelo seu trabalho. Mas, na verdade – na vida real e nos mercados reais, onde a concorrência e os gostos dos consumidores podem tomar caminhos imprevisíveis devido à subjetividade humana – vemos que ninguém tem direito ao lucro. A atividade empresarial implica assumir riscos e estar disposto a sofrer um prejuízo quando o seu melhor julgamento acaba sendo menos lucrativo do que se esperava.

Como explica Jennifer Roback Morse, esforços para corrigir a suposta injustiça do mercado na verdade recompensam a inveja e a tornam lucrativa. Tomando emprestado da teologia moral, ela diz que as estruturas regulatórias e muitas outras formas de intervenção política de fato provém uma "ocasião para pecar"[25]. Tal frase é tomada do Ato de Contrição, uma oração de tristeza

---

25. Morse, Jennifer Roback. "No. 71 The Modern State as an Occasion of Sin," *The Heartland Institute*. 1 de fevereiro de 1996. Disponível em: https://www.heartland.org/publications-resources/publications/no-71-the-modern-state-as-an-occasion-of-sin.

e arrependimento, referindo-se a uma situação ou ambiente que, embora não seja pecaminoso, aproxima-nos do pecado.

Não é sábio para alcoólatras em remissão frequentar bares, onde estão apenas se expondo a uma tentação desnecessária contra a sua sobriedade. Há um paralelo aqui com a regulação econômica arbitrariamente aplicada, que concede a alguns concorrentes no mercado alguma vantagem sobre os outros. Coloca a economia em um caminho deletério e regulatório que nos aproxima do "pecado" da má alocação econômica e empobrecimento.

De fato, o próprio comércio pode e, frequentemente, reforça uma ampla gama de virtudes tradicionais e práticas. Linhas claras de propriedade, limites discerníveis de direitos de propriedade e cumprimento de contratos – todas essas coisas desencorajam o roubo e encorajam a troca pacífica, a cooperação e a solidariedade humana. Vibrantes mercados de capital encorajam a criatividade e o planejamento de longo prazo, enquanto o sistema de lucros e perdas desencoraja o desperdício e premia o uso sábio de recursos. Mesmo a existência dos juros desencoraja o consumo ignóbil e recompensa a gratificação postergada. Quando somamos a isso instituições como históricos de crédito e outras formas de reputação que encorajam a cumprir obrigações e manter promessas, vemos o potencial de uma cultura de moralidade emergir naturalmente no livre mercado, sem manipulação.

Afinal, para ser generoso na prática – a virtude tão abundantemente exposta pelo proprietário dessa parábola – primeiro é necessário ter uma colheita abundante, criar riqueza supérflua, o que só é possível em uma cultura que impede que a inveja e o ciúme se institucionalizem e obscureçam a informação que a livre troca possibilita. A criação de riqueza exige uma sociedade que recompensa, e não penaliza, a produtividade.

## CAPÍTULO 5
# O RICO TOLO

~~~

E disse-lhe um da multidão: Mestre, fala ao meu irmão que ele divida comigo a herança. E ele lhe disse: Homem, quem me fez por juiz ou um divisor entre vós? E ele disse-lhes: Acautelai-vos e guardai-vos da cobiça; porque a vida do homem não consiste na abundância das coisas que ele possui. E ele falou-lhes uma parábola, dizendo: A terra de um certo homem rico produziu com abundância; e ele pensava consigo mesmo, dizendo: O que eu farei pois não tenho espaço para guardar os meus frutos? E ele disse: Eu farei isto: derrubarei os meus celeiros, e edificarei maiores, e ali eu colocarei todos os meus frutos e os meus bens. E eu direi à minha alma: Alma, tens em depósito muitos bens, para muitos anos; descansa, come, bebe *e* alegra-te. Mas Deus lhe disse: Tolo, esta noite te requisitarão tua alma, e de quem serão estas coisas que tu preparaste? Assim *é* aquele que para si ajunta tesouros, e não é rico para com Deus. (Lucas 12:13-21)

A Parábola do Rico Tolo segue no encalço do que parece inicialmente um pedido estranho. Pedem que Jesus ajude a resolver um conflito familiar. O irmão mais jovem está chateado porque o seu irmão mais velho não compartilha a herança com ele (um drama similar ao da Parábola do Filho Pródigo). A resposta de Jesus é inesperada. Em vez de ser simpático e resolver esse conflito, Jesus censura explicitamente o irmão mais jovem por sua real motivação. Diz ao irmão mais jovem que não é seu papel agir como um juiz de uma disputa legal, que não está ali para determinar a distribuição adequada dos bens. Ele vê no pedido do irmão mais jovem um pecado disfarçado: avareza, ganância, cobiça e mesquinhez: "Homem, quem me fez por juiz ou um divisor entre vós? E ele disse-lhes: Acautelai-vos e guardai-vos da cobiça; porque a vida do homem não consiste na abundância das coisas que ele possui".

Parece provável que o irmão mais jovem tenha se surpreendido com a resposta de Jesus, e também podemos imaginar que a multidão tenha ficado surpresa. É comum que, quando alguém se aproxima de outrem com deferência – como o irmão mais jovem fez, reconhecendo a sabedoria e autoridade de Jesus para resolver a questão – a pessoa abordada fique lisonjeada. Mas Jesus não ficou.

Sob a lei judaica, o primeiro filho está destinado a herdar duas vezes a riqueza do filho mais jovem[26]. Se houver mais filhos, o dinheiro é subdividido, mas o mais velho ainda recebe o dobro dos outros, os quais recebem a mesma quantidade. A matemática já é complicada quando falamos de dinheiro. Mas imagine os problemas que surgem com transferências de propriedades físicas! Em outras palavras, a situação é propícia ao litígio e ao azedume.

Qualquer pessoa que já esteve envolvida em uma disputa por herança sabe muito bem que esse é um dos conflitos mais feios. Em minha obra pastoral, conheci diversos membros de famílias que preferiram simplesmente se afastar, deixando que seus irmãos tivessem o que queriam, a fim de evitar uma guerra familiar. Jesus pode estar sugerindo que esse seria um caminho melhor do que libertar ódios profundos e duradouros, os quais frequentemente nada têm a ver com a herança em si, mas com conflitos profundos, complexos e não resolvidos entre irmãos.

Não é incomum que os comentaristas desta parábola escolham um dos lados. O irmão mais jovem está sendo ganancioso, ou o irmão mais velho está sendo egoísta? Gostaria que fosse tão simples. Concluí que há diversos culpados. É claro, ambos os lados afirmam defender a posição mais razoável e justa. E ambos se tornam implacáveis. Esses tipos de disputas frequentemente criam conflitos insolúveis que podem legar a divisão como a triste e principal herança de uma família.

---

26. Deuteronômio 21:17.

Tampouco essas dinâmicas se aplicam apenas a questões familiares. Sociedades e nações inteiras, impulsionadas por motivações similares, podem se envolver em disputas similarmente insolúveis. Quem deveria ser o dono da riqueza? Como ela deveria ser dividida ou compartilhada? Quem deveria se beneficiar à custa de quem? E por quê? Se a injustiça existe, qual deveria ser a solução? Assim como os dois irmãos em litígio, pode não haver fim para tais conflitos tão logo eles começam. As pessoas se voltam umas contra as outras, divididas por categorias econômicas ou sociais como classe, raça, sexo ou religião. Karl Marx entendeu isso tão bem que edificou uma filosofia revolucionária nessas bases.

Com que frequência o Cristianismo é chamado a intervir para promover uma distribuição mais justa dos bens do mundo? Essa mensagem é comum nos púlpitos ao redor do mundo. Diz-se normalmente que o papel do Cristianismo é tirar dos ricos para dar aos pobres, expropriar os que têm posses em nome dos despossuídos, tirar dos que têm para dar aos que não têm (em um tipo de teologia econômica de Robin Hood). Escritores contemporâneos como Elizabeth Bruenig e Mathew Schmalz argumentam que admoestações contra a criação de um ídolo da propriedade ou do lucro evidenciam um viés de esquerda nas Escrituras e, pelo menos, um escritor explicitamente argumenta que Jesus era socialista[27].

Não importa que argumentos assim sejam tentativas amplamente a-históricas e anacrônicas para exegeticamente encontrar nas Escrituras ideologias e sistemas econômicos desenvolvidos muito depois na história das ideias. Espero que fique claro que neste livro fiz um esforço consciente para evitar qualquer tentação exegética na direção oposta.

Aqui, Jesus encara um problema para o qual poderia ter defendido precisamente esse tipo de solução redistributiva. Mas ele se recusa. Em vez

---

27. Bruenig, Elizabeth. "How Augustine's Confessions and Left Politics Inspired My Conversion to Catholicism," *America*. 25 de Julho de 2017. Disponível em: https://www.americamagazine.org/faith/2017/07/25/how-augustines-confessions-and-left-politics-inspired-my-conversion-catholicism; Schmalz, Matthew. "Taxing the Rich to Help the Poor? Here's What the Bible Says," *The Conversation*. 10 de dezembro de 2017. Disponível em: https:// theconversation.com/taxing-the-rich-to-help-the-poor-heres-what-the-bible-says-88627; Dreier, Peter. "Jesus Was a Socialist," *HuffPo*. 26 de dezembro de 2017. Disponível em: https://www.huffpost.com/entry/jesus-was-a-socialist_b_13854296.

disso, ele nos dá a chave para entender essa mensagem ao elevar nossa visão a um nível superior e entregar uma pequena homilia sobre os vícios da inveja, materialismo e avareza, estejam eles presentes naqueles que demandam ou naqueles que se recusam a dar. Raramente ouvimos alguém dizer que as demandas dos que não têm podem ser motivadas por ganância e, mesmo assim, os pobres, tal como os ricos, podem ser inspirados por motivos ruins. De fato, seria compreensível – senão, justificável – que aqueles que não têm recursos, precisamente devido às suas grandes necessidades, fossem tentados a empregar meios ilegítimos para adquirir riqueza.

Há um outro fator prático em jogo. A redistribuição de riqueza pode gerar um grande desperdício de tempo e recursos. Ela não cria riqueza. Só muda de lugar a riqueza que já foi criada e contém seus próprios custos. Em vez de aumentar o tamanho do bolo, apenas corta mais fatias, reduzindo o tamanho da fatia de alguns, enquanto aumenta a de outros. Muitas vezes é uma boa ideia fazer isso, especialmente dentro das famílias. Mas se a redistribuição é orquestrada por governantes muito afastados do contexto concreto, ou motivados pela avareza, ganância ou inveja, pode ser uma ocasião de pecado, frequentemente promovendo violência e injustiça.

Estranhamente, não foi um comentarista bíblico, mas um estadista que ofereceu a correção mais reveladora desta confusão entre Cristianismo e socialismo. Winston Churchill observou que "o socialismo da era cristã… foi baseado na ideia de que 'tudo que é meu é seu', mas o socialismo atual é baseado na ideia de que 'tudo que é seu é meu'"[28].

Não fica claro se o irmão mais jovem que procurou Jesus sobre a sua herança estava buscando um juízo definitivo, ou se estava apenas pedindo que o Senhor convencesse o seu irmão. Hoje vivemos em uma das sociedades mais litigiosas na história do mundo. Quando temos problemas em nossas relações com os outros, frequentemente buscamos uma solução legal em vez de qualquer tipo de reconciliação. O que estamos buscando quando ligamos para advogados e entramos com ações? Justiça? Ou estamos buscando algum meio de tirar dinheiro das pessoas? Estamos buscando fortalecer a nossa

---

28. Churchill, Winston. "The Cause of the Left-Out Millions". (11 de outubro de 1906. Saint Andrew's Hall, Glasgow) in *Never Give In! The Best of Winston Churchill's Speeches*, ed. Winston S. Churchill. London: Pimlico, 2004. p. 23.

posição? Quando falhamos em determinar o objetivo e significado último de nossa existência, frequentemente roubamos do momento presente seu significado e propósito.

Resolver tensões sociais através do diálogo, respeito mútuo e entendimento é de longe preferível moral, pessoal e até economicamente. É por isso que, sem dúvida, várias organizações e escritórios de advocacia agora oferecem coisas como "resolução de litígios de herança" para tentarem evitar conflitos legais[29].

Paz, reconciliação e harmonia sociais só podem emergir em uma cultura formada por pessoas que valorizam as vantagens econômicas e políticas.

De tempos em tempos, somos convidados a fazer parte de uma ação de classe: o motivo pode ser uma furadeira que compramos em uma loja de ferramentas, um carrinho de bebê, um voo atrasado, ou um refrigerador. É provável que não tenhamos tido nenhum problema com a compra. Frequentemente, concluímos que uma companhia concordou em pagar os "danos" apenas para reduzir suas despesas legais e evitar disputas futuras nos tribunais. Seria uma boa ideia examinarmos os motivos antes de participar dessas ações. Estamos buscando justiça genuína ou apenas dinheiro? Novamente, precisamos nos seguir pelo nosso *telos*.

Essas são questões legítimas que se relacionam à moralidade e à economia. Nossa sociedade é minada por disputas políticas, um tecido social rasgado e litígios crescentes e fora de controle. A reforma dos direitos civis e a reforma política podem ajudar, mas a solução definitiva é uma reforma cultural. Os próprios seres humanos devem buscar outros meios para resolver disputas além de reparações políticas e legais, e devem repassar tal ensinamento para as gerações futuras.

Vale notar que Jesus rejeita a sugestão de que ele deveria intervir e agir como um litigante ou redistribuidor de propriedade. Em vez disso, ele volta a

---

29. Veja, por exemplo, "What Is Inheritance Dispute Resolution?". Attorneys.com. Disponível: http://www.attorneys.com/wills-trusts-and-probate/trusts-and-estates/inheritance-dispute-resolution; "Mediation," TWM Solicitors. Disponível em: https://www.twmsolicitors.com/our-services/dispute-resolution/wills-estate-administration-and-distribution-disputes/mediation/; Mueller, Jennifer. "How to Solve Inheritance Disputes with Mediation," Wikihow Legal. 21 de outubro de 2021. Disponível em: https://www.wikihow.legal/Solve-Inheritance-Disputes-with-Mediation.

sua atenção para prioridades mais elevadas ao contar uma história com implicações muito interessantes. Se o irmão ou os irmãos conseguirem aprender a lição, talvez seja possível resolver a questão. A história é a de um homem que achou um caminho para a riqueza, a qual acabou por transformá-lo. Ele evidentemente sucumbiu à noção de que a mera acumulação era seu caminho para a sua felicidade. Então, dedicou-se a acumular coisas para não precisar mais trabalhar. Então, em um triste capricho do destino, ele morreu – e todos os seus planos ambiciosos morreram com ele. O fim da história é repentino, deixando o ouvinte em estado de choque, mas também, esperamos, com alguma clareza moral.

Do ponto de vista econômico, o homem estava fazendo um cálculo prudente. Uma perspectiva econômica sólida gera um certo entendimento da verdade de uma situação. Neste caso, é a acumulação de uma grande quantidade de riqueza que permite ao homem aposentar-se com segurança. A lição de Jesus aqui não é que essa lição econômica é falsa; apenas que não é *toda* a verdade.

Afinal, o que demonstra os seus esforços? Vastas quantidades de alimento não consumido. Faltam ainda algumas outras coisas: boas obras, heroísmo, crianças, memórias ou um legado. Nesta história que Jesus conta, nada disso aparece – apenas uma dura finalidade. No final, não resta nada além de alimento perecível. A mensagem clara é que esse tipo de vida não merece ser celebrada, e muito menos é uma "vida plena", mesmo que repleta de coisas materiais. Essa é a parábola antimaterialista definitiva, demonstrando como "você não pode levar suas riquezas para o túmulo"; podendo ser até a origem da própria frase. Ainda assim, há uma forma de "levá-la para o túmulo". São Ambrósio nos diz: "a virtude é a companheira dos mortos. Só o perdão nos segue e prepara o lar dos que se vão"[30]. No fim das contas, esse homem não possuía muito; possuía pouco.

Aprendemos com esta parábola que não devemos fazer planos para o futuro? Dificilmente. Pessoas que não planejam para o futuro são corretamente vistas como frívolas e irresponsáveis em outras parábolas de Jesus, tais como as Parábolas das Virgens Sábias e Tolas (Mateus 25:1-13), dos Construtores Sábios e Tolos (Mateus 7:24-27; Lucas 6:46-49), e do Administrador Injusto (Lucas 16:1-

---

30. Cornelius Cornelii à Lapide. *The Great Commentary of Cornelius à Lapide. The Holy Gospel According to Luke*. Fitzwilliam, New Hampshire: Loreto Publications, 2008. p. 486.

13). Fazemos bem ao economizar recursos, poupando e não gastando todas as nossas receitas. A frugalidade também é uma virtude. Comportarmo-nos como se não houvesse amanhã seria agir irracional e irresponsavelmente, tanto conosco como com os que amamos. Há boas chances de que não morreremos amanhã, e agir como se assim fosse significaria deixar muitas coisas por fazer. Se é estúpido ser miserável e egoísta para viver até uma idade avançada, da mesma forma é "comer, beber e festejar como se fôssemos morrer amanhã" – quando tal morte pode chegar apenas daqui a 50 anos. A prudência é uma virtude, mesmo se o materialismo não é. Viver a sua vida temente a Deus não implica viver uma vida sem limites – justamente o contrário.

Jesus atribui um forte qualificador ao personagem central da parábola, chamando-o de "tolo". Essa palavra tem um contexto do qual Jesus estava ciente.

Como Arland Hultgren destaca em seu comentário sobre as parábolas, a palavra "tolo" é empregada na literatura sapiencial da Bíblia (por exemplo, em Salmos 14:1: "O tolo disse em seu coração: Não há Deus") para identificar aqueles que, ao contrário do *anawim* (os pobres), não reconhecem sua dependência última de Deus. Os pobres, que não dependem do poder militar ou da prosperidade econômica, mas sim de Deus, podem ser contrastados ao tolo desta parábola, que confiou apenas em si próprio[31]. Jesus nos alerta contra basear o nosso senso de segurança apenas nas coisas materiais, pois é um exercício tolo e, em última instância, de idolatria.

Neste sentido, é importante não pensar que a lição desta parábola é que "todos os ricos são tolos", muito menos imputar motivos e intenções ao tolo rico que simplesmente não estejam presentes na parábola. Como Hultgren relata, o tolo rico não é um explorador: nada há evidência de que ele esteja estocando sua produção à espera de um aumento de preços. Tampouco que ele não se preocupa com os outros ou que esconde sua generosidade[32]. Nada disso pode ser encontrado no texto.

Essa parábola ressoa nos dias atuais, pois reflete a ansiedade que as pessoas que se aproximam da aposentadoria e velhice naturalmente sentem a respeito de sua segurança, especialmente em uma época em que vivem mais e

---

31. Hultgren, Arland J. *The Parables of Jesus: A Commentary*. Grand Rapids: William B. Eerdmans Pub. Co., 2000, p. 107.
32. Ibid., 108.

melhor do que em qualquer momento da história. Vemos essa preocupação descrita nos anúncios de jornais, TV, rádio e internet quase todos os dias: terei recursos suficientes para me aposentar com segurança e não ser um fardo para meus entes queridos e/ou a sociedade? É isso que Jesus condena nesta parábola? Não acho. As palavras de Jesus não constituem uma condenação de manipulação injusta, falta de generosidade ou preocupação com uma aposentadoria tranquila. Em vez disso, condenam o materialismo do tolo e sua idolatria que insistem que a realidade material é a fonte última de sua segurança.

O problema real do tolo rico é menos o fato de ele ser rico, e mais o fato de ser tolo. O problema não foi tanto ele ser financeiramente rico, mas ser espiritualmente pobre. Deveria ser óbvio que o problema dele não foi o fato de ter se planejado para o futuro, mas que a sua visão sobre o que o futuro traria foi muito estreita. Seu vínculo exclusivo com o material foi objeto de reprovação. É muito estranho que um homem com uma visão ampla que lhe permitiu ver e planejar o seu bem-estar material tenha sido tão limitado a ponto de confundir ter com ser.

Executivos de sucesso têm uma vinculação excessiva aos bens materiais e acumulam todos para si próprios? Certamente isso pode acontecer. Mas certas realidades da estrutura econômica dentro da qual os empreendedores agem de fato enfraquecem essa tendência. Se nosso tolo tivesse entendido isso, talvez não teria sido tão tolo.

A maioria dos empresários é competente o bastante para saber que precisa reinvestir uma porcentagem significativa de seus lucros. Kyle Taylor argumenta na revista *Entrepreneur* que 50% dos lucros deveriam ser reinvestidos. Já Colbey Pfund afirma na *Forbes*:

> a sabedoria comum estabelece um valor de 30% dos lucros – com algumas pessoas sugerindo algo próximo a 50%. A quantidade real varia, mas o segredo é reinvestir com base em uma estratégia, e não em alguma porcentagem arbitrária[33].

---

33. Taylor, Kyle. "Why You Need to Reinvest Half of What You Earn Back into Your Company," *Entrepreneur*. 23 de junho de 2015. Disponível em: https://www.entrepreneur.com/article/247614; Pfund, Colbey. "Five Reasons to Reinvest in Your Own Company". *Forbes*. 2

A realidade da empresa é que os empresários frequentemente encaram uma escolha entre seus desejos pessoais imediatos e o crescimento de seus negócios. Para que seus negócios floresçam, eles precisam frequentemente escolher postergar a gratificação.

As estruturas de uma economia de mercado recompensam as pessoas que renegam seus desejos imediatos em prol das necessidades dos outros: tanto as de seus empregadores como as dos consumidores de seus produtos. Um empresário que estoca suas receitas em vez de reinvestir uma parte significativa delas não irá prosperar. O bom julgamento comercial consiste na habilidade de antecipar a demanda do público e sacrificar seu próprio lucro pessoal imediato para que os outros possam ter acesso a bens e serviços.

Não é a preocupação central dessa parábola – ser rico perante Deus, sim – mas muitos pregadores simplesmente negligenciam o potencial de reforçar sua mensagem com lições das atividades econômicas no livre mercado.

Essa parábola também ressalta um fato central que todo investidor entende e que o torna humilde: o futuro é sempre incerto, as pessoas não sabem o que não sabem, e por isso é tão difícil lucrar. Não existem garantias. Não há empreendimento sem risco. O passado não é um indicador confiável de desempenho futuro. A incerteza sobre o futuro é algo com que precisamos lidar. Uma forma de analisar essa história é concluir que o homem rico era um tolo porque acreditava que poderia estar certo. Ele pensava que sabia de coisas que não poderia saber. E estava errado. Nisso, faltou-lhe humildade. Nosso destino está nas mãos de Deus, e devemos nos esforçar para evitar a arrogância de que conhecemos o futuro, não importa se somos investidores, poupadores, consumidores e legisladores. É claro, isso se aplica às nossas vidas interiores. Não temos como saber quando será o nosso último dia na Terra. Não podemos deixar de agir moralmente, viver de acordo, libertando nossas consciências dos efeitos do pecado, reavivando nossas relações com vizinhos, e nos comprometendo com Deus. Devemos aprender o hábito de fazer o melhor que está em nossa frente. Isso é o que significa viver a vida perante Deus e a eternidade.

Nossos ideais, virtudes e corações (esses intangíveis) importam mais que nossas contas bancárias. Ricos ou pobres, ainda podemos viver de acordo com

de outubro de 2018. Disponível em: https://www.forbes.com/sites/theyec/2018/10/02/five-reasons-to-reinvest-in-your-own-company/#60462da62da4.

nossos ideais mais elevados, evitando a avareza e o comportamento litigioso que ela frequentemente incita. O que precisa ser acumulado são boa vontade, benevolência com os vizinhos, magnanimidade e preocupações transcendentes. Chegará o dia em que este mundo não irá mais nos conter, e desejaremos ter agido da forma correta.

Diz uma antiga tradição romana que, quando Cesar retornava de uma batalha exitosa, um pajem o acompanhava em sua carruagem. Enquanto toda Roma gritava cantos de vitória, o garoto repetia insistentemente no ouvido de César: "Memento mori, sic transit gloria mundi!" ("Lembrai-vos de vossa morte, todo o esplendor terreno fenece". Isso coloca as coisas em perspectiva, não é?

CAPÍTULO 6
# OS DOIS DEVEDORES

⁓∞⁓

E eis que uma mulher da cidade, que era uma pecadora, sabendo que Jesus estava à mesa na casa do fariseu, trouxe um vaso de alabastro com unguento, e ficando atrás de seus pés chorando, começou a derramar lágrimas sobre os seus pés, e os enxugava com os cabelos da sua cabeça, e beijava-lhe os pés, e ungia-os com o unguento. Ora, quando o fariseu que o havia convidado viu isto, falava consigo, dizendo: Se este homem fosse profeta, saberia quem e que tipo de mulher é esta que o toca; pois ela é uma pecadora. E respondendo, Jesus disse-lhe: Simão, eu tenho algo a dizer-te. E ele disse: Mestre, diga. Havia um certo credor que tinha dois devedores; um lhe devia quinhentos denários, e outro cinquenta. E, não tendo eles com que pagar, perdoou a ambos. Dize, pois, qual deles o amará mais? E Simão, respondendo, disse: Eu suponho que é aquele a quem mais perdoou. E ele lhe disse: Tu julgaste corretamente. E, voltando-se para a mulher, disse a Simão: Vês tu esta mulher? Eu entrei em tua casa, e não me deste água para os pés; mas esta derramou lágrimas sobre os meus pés, e os enxugou com os cabelos de sua cabeça. Tu não me beijaste, mas esta mulher desde que entrou, não parou de beijar os meus pés. Tu não ungiste a minha cabeça com óleo; mas esta mulher com unguento ungiu os meus pés. Por isso, eu te digo: Os pecados dela, que são muitos, lhe são perdoados, porque ela muito amou; mas a quem pouco é perdoado, pouco ama. E disse-lhe: Os teus pecados são perdoados. E os que estavam à mesa começaram a dizer entre si: Quem é este, que também perdoa pecados? E ele disse à mulher: A tua fé te salvou; vai em paz. (Lucas 7:37-50)

Vamos direto ao ponto. O que temos na Parábola dos Dois Devedores é uma imagem de Deus como um banqueiro ou um emprestador de dinheiro. Mas ele é um emprestador de dinheiro cuja principal preocupação não é com o dinheiro, mas com o bem-estar de pessoas vulneráveis.

A parte de parábola dessa história é surpreendentemente breve, e se passa no contexto da interação de Jesus com os seus discípulos. Não obstante, a Parábola dos Dois Devedores é cheia de *insights* sobre pecado e perdão, e emprega a noção de "dívida" em relação ao perdão, que, se pensarmos bem, também é um tema importante em nossos dias. É intrigante e oportuno como essa parábola revela a extensão pela qual nossos valores, frequentemente analisados em termos econômicos, revelam quem realmente somos.

A mulher "pecadora" em questão tornou-se fonte de grande confusão: houve muita especulação a respeito de sua identidade ao longo de séculos de reflexão e debate cristãos. Alguns pensam que ela é a mulher pega em adultério em João 8:1-11; outros, que é Maria Madalena, a mulher evidentemente rica da qual foram exorcizados sete demônios; e outros, ainda, que é Maria, a irmã de Marta e Lázaro de Betânia. Ler os relatos da relação de Jesus com as mulheres ao longo dos Evangelhos lança luz sobre como essas confusões podem ter surgido. (Veja, por exemplo, Mateus 26:6-13, Marcos 14:3-9 e João 12:1-8).

A lei farisaica teria considerado o toque da mulher nos eventos mencionados no texto uma forma de profanação de Jesus. Ainda assim, Jesus adota uma postura surpreendentemente mais generosa e misericordiosa com ela, considerando suas ações uma expressão de amor, tristeza e virtude. Para ele, a "pecadora" não deve ser julgada por seu passado, mas com base em suas ações e aspirações atuais. Para Jesus, o nível e intensidade de seu comportamento pecaminoso no passado, e sua terrível reputação, embora merecida, não determinam sua dignidade inerente como pessoa. Obviamente, ela está buscando a redenção. A forma carinhosa como trata Jesus revela algo sobre os seus valores; é concomitante com (e, talvez, proporcional a) sua consciência de sua reputação e falhas.

A história se passa em um banquete. Era costume convidar viajantes, especialmente pregadores de sinagogas locais, para participarem de tais jantares[34]. A própria ideia de uma mulher de reputação duvidosa participar de um evento assim era contracultural, e ela adiciona ao drama com suas ações, que eram consideradas ilegais: soltar o cabelo em frente dos homens e 'tocar Jesus. E, então, Jesus demonstra publicamente um nível profundo de caridade e perdão: ele altera o *status* moral dela, perdoa os seus pecados passados e transforma o que os outros veem como um ato sensualmente provocante em uma virtude. Jesus percebe que a verdadeira motivação dela é um profundo amor, o que ilustra uma mudança de postura. Ela atribui um valor mais elevado ao seu amor por Jesus do que ao custo extravagante do perfume. Constatar sua motivação incita Jesus a uma resposta benevolente.

Nesta junção, surge a metáfora da dívida: para ilustrar por que Maria foi perdoada e não condenada, Jesus retrata a situação econômica de dois devedores. Um deles devia um valor equivalente a 50 dias de salário, e o outro 500, e ambos foram perdoados pelo credor. Ele faz uma pergunta quase retórica aos seus cínicos anfitriões: qual desses devedores beneficiou-se mais da generosidade do credor? Qualquer pessoa com capacidade de somar pode ver que foi o mais endividado. Isso parece óbvio, e Simão responde corretamente. A própria obviedade da resposta correta ilustra o quão controversas eram as ações de Jesus. Em vez de contar uma história complexa com uma lição contraintuitiva ou obscura, ele opta por uma história direta cuja lição é fácil de entender. Não obstante, considere o que ela revela sobre o caráter e a identidade do credor.

Esta parábola, como inúmeras outras, serve para ilustrar a perspectiva do Cristianismo sobre o pecado e o perdão. Uma característica distintiva do Cristianismo é a sua insistência na universalidade da oferta de perdão, não restrita a uma tribo ou clã, mas a todos. Não importa a gravidade do pecado ou da ofensa, a oferta universal de redenção é sempre feita – de fato, está disponível até no último momento (Lucas 23:33-43). Quanto maior a dívida, mais generoso e louvável é o ato de seu perdão. Isso releva o caráter de um Deus amoroso.

---

34. Jeremias, Joachim. Rediscovering the Parables. New York: Charles Scribner's Sons, 1968. p. 99.

No Cristianismo, a dívida e seu perdão não são transacionais, pois não são um exercício especulativo. Em vez disso, o perdão revela o caráter de Deus. Podemos entendê-lo melhor ao empregarmos uma comparação com o mundo econômico, em que a dívida é necessariamente predicada sobre transações baseadas em garantias que reduzem o risco envolvido em um empréstimo. Jesus baseia-se muito no mundo da economia para expor seus argumentos a respeito de gratidão e proporcionalidade, por nenhum outro propósito senão demonstrar a imensidão da generosidade de Deus e incitar essa qualidade em nós. No ato de redenção, Deus cancela a punição que os seres humanos justamente merecem por seus pecados. A gratidão recíproca por essa graça (favor imerecido) aumenta naturalmente em proporção aos nossos erros. Quanto mais requerido é o perdão, mais apreciamos o seu milagre, e mais humildade sentimos em face de tal perdão. Nosso amor é aumentado pela nossa consciência do custo do perdão.

Há um preconceito popular e simplista, que surge de uma mentalidade sem referência ao transcendente, contra os credores, frequentemente retratados como ricos vagabundos que infligem danos aos pobres industriosos. Na Parábola dos Dois Devedores, esse preconceito popular é invertido. Não existe aqui conflito de classes entre explorador e explorado. Tampouco essa parábola sugere que o credor não mereça ser pago, por uma questão de justiça. Na verdade, sua benevolência é vista precisamente no fato de que ele é justo. Aqueles que contraíram a dívida continuam devendo. Sem essa premissa, a parábola não faz sentido; por certo, não seria tão emocionante. O que ocorre aqui é um notável ato de caridade, repleto de beleza, instrução e inspiração.

Na cultura política atual, nossas simpatias são normalmente dirigidas àqueles que devem dinheiro, àqueles que são vistos como sobrecarregados por um fardo injusto, especialmente, quando são obrigados a pagar juros. Legislações de todos os tipos – sejam leis de falência, restrições à "usura" ou inflação projetada para reduzir o fardo dos devedores – favorecem os endividados. No imaginário popular, a pessoa ou instituição que concede crédito nunca é vista como uma benfeitora, ou como alguém que torna possível adquirir recursos para financiar as necessidades da vida ou viabilizar o progresso econômico.

Desde uma perspectiva moral, é compreensível e louvável que a empatia com os vulneráveis permeie a comunidade humana, não importando a causa de tal vulnerabilidade. No entanto, essa empatia não nos dá o direito de distorcer a realidade. Jesus não favorece nenhum dos lados. É como se o Senhor tivesse em mente a admoestação da imparcialidade de Levítico 19:15: "não respeitarás a pessoa do pobre, nem honrarás a pessoa de poder".

Dada a omnipresença das atividades econômicas em grande parte da vida humana, é compreensível que as pessoas tenham a propensão ou tentação de se identificarem com sua condição ou classe. Talvez nenhum filósofo social tenha escrito de forma mais radical e impactante sobre a questão de classe do que Karl Marx[35]. Essencialmente, Marx via a identidade de uma pessoa pelo filtro de suas relações econômicas e sociais com as outras. Isso levou Marx a pensar em termos dos conflitos que emergem entre grupos (o que ele chama de "conflito de classes"). O Cristianismo tem uma antropologia muito diferente, promovendo não o conflito ou guerra de classes, mas sim a harmonia e reconciliação por meio de um encontro interpessoal. É isso que observamos nesta parábola – até nos pressupostos econômicos sendo empregados.

Contradizendo Marx, com o advento da Revolução Industrial, a relação credor-devedor passou a ser vista simplesmente como uma questão de troca mutuamente benéfica, em vez de uma hierarquia fixa, com as identidades das partes determinadas por classe. Dessa maneira, o credor pode disponibilizar seus fundos para o tomador sanar suas necessidades imediatas. Com a emergência eventual dos portifólios de investimentos, em que mesmo pessoas de meios modestos podem participar e se tornarem credoras, surge um retrato mais holístico.

Os credores têm que examinar os registros financeiros e a reputação daqueles que tomam emprestado para averiguar a probabilidade de o tomador cumprir a sua parte do negócio. Não o fazer resultará em um uso irresponsável e supérfluo dos próprios recursos do credor.

Nada nesta parábola questiona as práticas de concessão e tomada de empréstimo. E embora a cobrança de juros sobre empréstimos, particularmente dos pobres, tivesse sido condenada nas Escrituras Hebraicas, aqui Jesus não condena os juros, que representa apenas o preço que os tomadores de empréstimos pagam para ter acesso mais rápido ao dinheiro[36]. Ele tampouco a aprova;

---

35. Marx, Karl. *Capital: A Critique of Political Economy*. Trad. de Samuel Moore e Edward Aveling, ed. Frederick Engels. Chicago: Charles H. Kerr & Company, 1909.
36. Êxodo 22:25–27; Levítico 25:36–37; Deuteronômio 23:20–21.

nem mesmo a menciona. A cobrança de juros se tornaria a grande controvérsia moral que dominou o início da história medieval, o que se explica, em parte, pela dificuldade de entender que uma taxa de juros de mercado é um fenômeno econômico natural de qualquer troca econômica que requer coordenação ao longo do tempo.

Leis que impõem restrições sobre a habilidade do credor de cobrar dívidas introduzem um risco moral que atrapalha a habilidade das pessoas se envolverem no comércio. O devedor fica mais descuidado em seus empréstimos e negociações financeiras. O impacto estende-se para todos os clientes do credor. Por sua vez, o credor fica menos disposto a conceder empréstimos, ou talvez sente a necessidade de cobrar taxas de juros maiores para se proteger do risco mais elevado. Isso produz um efeito deletério geral em qualquer sociedade, e é precisamente neste ponto que surgem preocupações legítimas sobre taxas de juros "usurárias". Não obstante, note que essa dinâmica não se inicia no livre funcionamento dos mercados. Pelo contrário, é a legislação bem-intencionada, porém restritiva, que dá início ao processo.

É apenas natural que as leis de falência, por exemplo, que permitem que os tomadores renegociem empréstimos e não paguem suas dívidas, tenham facilitado e estimulado as pessoas a empilharem dívidas. O senso comum nos diz que, quando os ativos das pessoas não estão realmente em jogo, é mais provável que elas se endividem; e menos provável quando elas precisam pagar suas dívidas. Incentivar as pessoas a viver além de seus meios e acumular dívidas é o resultado de uma cultura cívica que, de fato, subsidia tal prática através de uma panóplia de leis supostamente aprovadas em nome dos endividados.[37]

Os fatos econômicos desta parábola são que, aparentemente, tanto os dois devedores quanto o credor tomaram decisões ruins de investimento. Objetivamente falando, o contrato tinha sido violado. Os tomadores possivelmente não poderiam pagar a dívida nem mesmo se quisessem. Um deles estava em situação bem pior do que o outro, mas ambos precisavam de ajuda. O credor

---

37. Veja "Bankruptcy Law in the United States," *Economic History Association*. Disponível em: https://eh.net/encyclopedia/bankruptcy-law-in-the-united-states/; "A Brief History of Bankruptcy," *Bankruptcy Data*. Disponível em: https://www.bankruptcydata.com/a-history-of-bankruptcy; Mattera, Philip. "Debt Trap," *Corporate Research Project*. Disponível em: https://www.corp-research.org/e-letter/debt-trap.

sabia que não seria pago e, então, parou de pensar em sua negociação como uma transação comercial. É aqui que entra a dimensão do perdão.

Essa dinâmica opera em situações que não envolvem tomar dinheiro emprestado: digamos que alguém liga para você fazer um serviço em troca de um pagamento. Talvez você seja um contador, chamado para organizar as contas de uma empresa. Ou, talvez, um artista, chamado para pintar um quadro para uma sala de estar. Ou, ainda, um encanador, contratado para desentupir uma pia. Todos esses são negócios e não situações de empréstimo. Mas e se a pessoa para quem você fez o serviço repentinamente admitir que não tem dinheiro para pagar-lhe?

Você pode ficar incomodado, e com razão. Pode tomar medidas para que isso não se repita. Pode considerar uma medida legal, e está no seu direito de o fazer. Mas, então, pode surgir algo que toque o seu coração. Talvez, as condições infelizes que levaram à quebra de contrato. Talvez, a sinceridade e transparência do devedor. Talvez, a identificação de algum fator fora do controle do devedor que amplia sua perspectiva e conquiste sua empatia. Intenções podem influenciar sua atitude: o devedor se mostrou criminoso e astuto desde o início, ou houve alguma circunstância imprevisível? Sua resposta pode depender também de sua percepção da contrição de outra pessoa. Você pode se lembrar dos erros que já cometeu; de quando algumas coisas fora de seu controle interferiram em sua vida, impossibilitando-o de honrar seus compromissos; ou de algum caso em que concluiu ter tomado a decisão errada. Nada disso o isentou de seus compromissos. Agora, pode ter influenciado a sua honestidade, a sinceridade de seu arrependimento e a sua disposição de resolver as coisas.

O que é frequentemente esquecido sobre a relação tomador-emprestador é que existe uma reciprocidade entre eles. O emprestador prestou um serviço e espera o pagamento. O tomador tem recursos que ele ou ela não teria tido de outra forma. (A natureza da troca econômica não muda, havendo ou não dinheiro envolvido). Na parábola de Jesus, é o emprestador – e não o tomador – que está na posição de tomar a decisão de buscar uma solução legal para a disputa; ou, talvez, como visto aqui, de oferecer um ato de caridade. Esse ato torna-se possível pela legitimidade da dívida. A realidade da dívida nunca é contestada pela parábola, mas sim tratada como parte da narrativa. No pensamento contemporâneo, há uma tendência de se supor que outros fora desta relação livremente contratada deveriam ter o poder para tomar essas decisões. Frequentemente confiamos esse poder ao Estado, que alivia o fardo dos tomadores por meio de leis ou algum tipo de intervenção. Seja qual for o resultado, é imprescindível, para a clareza moral, não confundir regulação governamental com caridade. Intervenções legais e regulatórias são formas externas de coerção, direcionadas contra aqueles que concedem crédito – em essência, legalmente isentando os clientes de pagar suas despesas com comida, roupa, moradia, serviços de encanamento etc. Imagine o impacto geral disso sobre uma sociedade que adotasse tais políticas.

Em nossa parábola, aqueles cujas dívidas são perdoadas vivenciam um senso de gratidão para com o emprestador. Em um contraste muito claro com aqueles que buscam e se beneficiam do perdão da dívida imposta pelo governo, os beneficiários da caridade dos emprestadores desta parábola sentem amor, não ressentimento. É assim que deveria ser. Podemos apreciar de forma mais profunda a lição moral dessa parábola ao entendermos a natureza do contrato comercial em questão. As relações entre emprestador e tomador não são inevitavelmente uma questão de exploração, e se a virmos assim, perderemos toda a moral da história.

Se a lição ainda não estiver clara, considere como o cenário muda quando a dívida contraída é política. Neste cenário, os governos tomam emprestado de bancos privados como uma forma de expandir sua capacidade de gasto sem precisarem elevar a arrecadação primeiro (em tributos). As dívidas serão pagas com futuros ingressos de tributos. É por isso que a dívida governamental precisa ser tratada com atenção, e por que é amplamente considerada tão trágica: atribui às pessoas uma obrigação que nunca aceitaram. Ou seja, pessoas que não contraíram a dívida tornam-se obrigadas a pagar por ela. Já que isso não é uma troca de mercado, quando os bancos exigem o pagamento desses empréstimos, o Estado só pode quitá-los intensificando o seu controle sobre as propriedades e as vidas de seus cidadãos.

É essa realidade que dá origem à ambivalência moral sobre o problema da dívida do Terceiro Mundo. Não é suficiente apenas dizer que ela deve ser paga. Paga por quem? A que custo de longo prazo para a população? Podemos simpatizar com aqueles que dizem que é um fardo muito pesado para esses países. Podemos também ter simpatia pelos bancos que concederam esses empréstimos aos governos, mesmo sabendo que só podem ser pagos através do confisco do dinheiro de pessoas muito mais pobres do que os banqueiros.

Isso não significa que os empréstimos devem ser repudiados, porém, altera de alguma forma nossa avaliação moral, exigindo que aceitemos que aqueles que afirmam que a dívida governamental é injusta têm um forte argumento. A resposta final é que os governos não deveriam tomar muitos empréstimos, certamente não sem o consentimento dos governados. Tal como o restante de nós, não deveriam viver além de seus meios. E que os bancos também precisam levar em conta os custos morais e econômicos de exigirem a quitação de grandes empréstimos de países em que as pessoas são muito pobres para pagar – e de concederem tais empréstimos em primeiro lugar.

No centro desta parábola está a lição de que a caridade é um impulso louvável que nos indica uma dimensão da vida que é tão real quanto à econômica: a dívida de amor. Aqui encontramos pessoas, e não instituições, que foram motivadas a agir em nome de outras pessoas. Isso também é um lembrete de que criticar automaticamente aqueles que dão empréstimos aos necessitados é uma reação superficial e desinformada. Tais emprestadores, como todos os empreendedores, assumem riscos que possibilitam avanços no padrão de vida de todos.

Essa parábola implica que todas as dívidas pecuniárias deveriam ser perdoadas? Seja qual for o seu argumento pessoal, o fato é que essa seria uma parábola muito diferente caso esta fosse a sua lição. Não, não significa isso. O que mostra é que dar às pessoas uma segunda chance é digno de mérito moral. Justiça sem caridade facilmente se transforma em crueldade. Em nível de perdão, podemos ver que o perdão dos pecados é um ato digno de caridade, cujo valor é aumentado quando o beneficiário mostra contrição em vez de justificar o pecado cometido.

Jesus permitiu que seu anfitrião Simão (e nós) víssemos a mulher pecadora como ele próprio a viu: uma pessoa digna, necessitada de amor e redenção. Todos nós somos seres falhos. De uma forma ou outra, podemos dizer que estamos em dívida, mesmo se apenas com nossos pais, que nos trouxeram ao mundo e nos ensinaram a pensar e falar. Todos nós também somos pecadores. Esta é a lição fundamental da parábola na medida em que se aplica às nossas vidas[38]. A lei e a justiça têm sua lógica, mas são a caridade e a verdadeira benevolência que formam uma comunidade decente e nitidamente humana. Como é interessante que Jesus tenha usado um exemplo do mundo das finanças para ilustrar um ponto tão fundamental para o próprio Cristianismo... As lições econômicas aqui presentes ilustram que não precisa haver inconsistência entre justiça e caridade; na verdade, elas podem reforçar-se entre si.

---

38. Fonck, Leopold. *The Parables of Christ: An Exegetical and Practical Explanation*. Ed. George O'Neill. Fort Collins, Colorado: Roman Catholic Books, 1997. p. 678.

CAPÍTULO 7

# OS TALENTOS

~~~

Porque *o Reino do Céu* é como um homem *que*, ao viajar para uma terra distante, chamou os seus próprios servos, e entregou-lhes os seus bens. E a um deu cinco talentos, e a outro dois, e a outro um; a cada homem segundo as suas habilidades; em seguida, foi viajar. Então o que recebera cinco talentos foi e negociou com eles, e fez outros cinco talentos. E, da mesma forma, o que *recebera* dois, ele também ganhou outros dois. Mas o que recebera um, foi e cavou na terra, e escondeu o dinheiro do seu senhor. Depois de muito tempo veio o senhor daqueles servos, e fez contas com eles. Então, chegando o que recebera cinco talentos, trouxe-lhe outros cinco talentos, dizendo: Senhor, tu me entregaste cinco talentos; eis aqui cinco talentos a mais que eu ganhei. Disse-lhe o seu senhor: Muito bem, servo bom e fiel; foste fiel sobre poucas coisas, eu te farei governante sobre muitas coisas; entra na alegria do teu senhor. E, chegando também o que tinha recebido dois talentos, disse: Senhor, entregaste-me dois talentos; eis que eu ganhei outros dois talentos além desses. Disse-lhe o seu senhor: Muito bem, servo bom e fiel; foste fiel sobre poucas coisas, eu te farei governante sobre muitas coisas; entra na alegria do teu senhor. Então, chegando o que recebera um talento, disse: Senhor, eu soube, que és um homem duro, que colhes onde não semeaste, e ajuntas onde não espalhaste. E receoso, eu fui e escondi na terra o teu talento; eis que aqui está *o que é* teu. Respondendo o seu senhor, disse-lhe: Servo perverso e preguiçoso, tu sabias que eu colho onde não semeei, e ajunto onde eu não espalhei. Tu deverias, portanto, ter dado o meu dinheiro aos cambistas, e *então*, na minha vinda, teria recebido o meu com os juros. Tomai, portanto o talento dele, e dai-*o* ao que tem os dez talentos. Porque a cada um que tiver será dado, e terá em abundância; mas ao que não tiver, será tomado até o que ele tem. E lançai o servo inútil nas trevas exteriores; ali haverá pranto e ranger de dentes. (Mateus 25: 14-30. Veja também Lucas 19:12-27)

A Parábola dos Talentos pode ser a mais famosa das parábolas (com sua única concorrente sendo, talvez, a do Filho Pródigo). É certamente aquela que mais me pedem para comentar, dada a minha obra no campo da economia e negócios.

Esta parábola bem-conhecida do Evangelho de Mateus tem uma versão similar em Lucas 19:12-27 que conta com alguns elementos distintos que valem ser destacados. Mas, como a versão de Mateus é mais elaborada, é mais útil para o propósito restrito deste estudo, conforme examinamos os pressupostos econômicos tratados nas parábolas e refletimos sobre o seu impacto potencial no campo da economia.

Embora os detalhes sejam diferentes em Mateus e Lucas – por exemplo, o "homem" de Mateus é um "nobre" em Lucas, em Mateus são oito talentos desigualmente divididos entre três servos, já em Lucas são dez unidades monetárias igualmente divididas entre dez servos etc. –, muitas similaridades permanecem.

A Parábola dos Talentos compartilha um tema familiar com outras histórias de Jesus, sobre reis e governantes que se afastam por longos períodos deixando sua riqueza aos cuidados e inventividade de seus servos, com resultados variados (veja, por exemplo, Marcos 13:34-37 e Lucas 12:35-38; Mateus 24:45-51 e Lucas 12:42-46: e Lucas 19:12-27, Mateus 21:33-46, e Lucas 20:9-19).

Como todas as parábolas de Jesus, aqui temos muitas camadas de significado, lições sobre como devemos usar o que Deus nos confia. No plano temporal, esta é uma história sobre capital, investimento, empreendedorismo e o uso adequado de recursos econômicos escassos, bem como sobre o risco envolvido no processo. Aqui a mente contemporânea levantará questões sobre igualdade, mas o mundo de Jesus pressupunha diferenças. De qualquer forma, a parábola, tal qual o Cristianismo, diz respeito ao desafio do poder unificador do amor. O uso deste modelo de negócio como um símile para o Reino de Deus serve como uma resposta direta para aqueles que veem uma contradição implícita entre o sucesso nos negócios e a vida cristã – mesmo que esta não seja a lição central da parábola.

O senhor desta parábola transforma seus três servos em guardiões de sua propriedade durante sua ausência. Sua atenção ao detalhe e sua meticulosidade nos faz suspeitar de que não se trata de um investimento arbitrário, mas que ele o avaliou criteriosamente, concluindo que as habilidades naturais específicas de cada servo os tornam dignos da confiança que ele está atribuindo a eles. Ele confia cinco talentos ao primeiro servo, dois ao segundo e um ao terceiro, cada qual, "de acordo com sua habilidade" – em minha opinião, uma frase crítica para entendermos a profundidade da parábola[39]. Ele, então, sai de cena por um tempo. Na medida em que os servos assumem as responsabilidades que lhes foram confiadas e entram em um mundo aberto ao empreendedorismo e usam seus intelectos, riscos e investimentos, sua lealdade entra em foco. O servo que recebeu cinco talentos faz negócios e duplica o seu capital. O servo que recebeu dois talentos também os duplica. Já o servo que recebeu apenas um talento o enterra, e é interessante descobrir o porquê. Esconder objetos de valor no chão era uma forma comum de proteção de seus pertences na antiga Israel, se acreditarmos no historiador Josefo[40].

O senhor retorna para o acerto de contas, e os servos lhe explicam seus negócios. Os dois primeiros são elogiados por dobrarem o que lhes fora confiado. Obviamente, o clímax do drama ocorre quando chegamos ao servo ao qual tinha sido confiado um talento e que admite não ter feito nada. Sua admissão soa quase como uma defesa, na medida em que aponta que a propriedade original foi, pelo menos, mantida segura. Essa explicação dá a impressão de que, na mente do servo, não ter perdido o que lhe fora confiado cumpria sua missão. A resposta do senhor é rápida e dura: ordena que o talento seja

---

39. Essa frase de Jesus na Bíblia King James 1619, "a cada homem segundo as suas habilidades" (Mateus 25:15) foi politizada por Marx e seus seguidores para seus propósitos particulares. Veja, por exemplo, https://halshs.archives-ouvertes.fr/halshs-01973833/document.
40. Josephus, Flavius. *The Jewish War*. Trad. Martin Hammond. Oxford: Oxford University Press, 2017. Livro 2, cap. 4, verso 2.

retirado do servo preguiçoso e dado ao que tinha dez. O senhor ainda exige: "Tomai, portanto, o talento dele, e dai-*o* ao que tem os dez talentos" (Verso 28).

Nossa reação inicial a essa parábola pode ser rapidamente direcionada para o seu significado na ordem da salvação: o senhor que saiu em jornada claramente representa o próprio Jesus, e o julgamento diz respeito ao nível de nossa fidelidade[41]. Uma recompensa eterna é concedida àqueles que são guardiões produtivos e fiéis dos dons recebidos. Espera-se que a nossa obra para Cristo seja robusta, entusiasta, destemida e total, focada no melhor resultado possível daquilo que nos foi confiado. Simplesmente esconder esse dom não é empregá-lo; não foi para isso que ele lhe foi dado.

Mas se refletirmos sobre o significado direto da história em um sentido econômico, algumas lições adicionais também emergirão. Propriedade e investimento são características regulares da vida. Elas são dinâmicas. Se não respeitarmos a intenção do senhor, ou se nos provarmos servos indispostos a demonstrar nossa lealdade fazendo sobressair o grande potencial desses dons em um determinado nível, como podemos provar que somos dignos em um nível superior? Como o próprio senhor diz: "Muito bem, servo bom e fiel; foste fiel sobre poucas coisas, eu te farei governante sobre muitas coisas; entra na alegria do teu senhor". Este princípio não se aplica apenas ao campo da economia; também esclarece a relação entre os domínios material e espiritual, ambos os quais devem ser levados em conta para compreendermos a lição em sua totalidade.

Começamos com a palavra "talento". Essa palavra, derivada da parábola, passou a ser usada assim a partir do século XI, com o significado de capacidade ou aptidão[42]. Considere o tamanho da soma que Jesus diz ter sido confiada aos servos. Na época de Jesus, o talento greco-romano era igual a seis mil denários. Um denário era a média salarial para um dia de trabalho[43]. Em outras palavras, a esse homem foi dada a oportunidade de trabalhar com um investimento equivalente a seis mil dias de trabalho.

---

41. Scott, Bernard Brandon. *Hear Then the Parable: A Commentary on the Parables of Jesus.* Minneapolis, Minnesota: Fortress Press, 1990. p. 274
42. Hultgren, Arland J. *The Parables of Jesus: A Commentary.* Grand Rapids: William B. Eerdmans Pub. Co., 2000, p. 274.
43. *Ibid.*, 8.

Com base no salário-mínimo federal atual nos Estados Unidos – US$ 7,25, o mínimo da tabela salarial, até mesmo para as atividades menos desafiadoras – gera um salário diário de US$ 58, ou seja, um talento valeria, pelo menos, US$ 348 mil. E o mestre confiou a esses três servos um valor próximo disso – e a quem ele deu cinco talentos, com uma quantia equivalente a, pelo menos, US$ 1,74 milhão.

Em uma compreensão mais ampla desta parábola, os talentos se referem a todos os vários dons – naturais, espirituais e materiais – que Deus deu para o nosso uso. Isso incluiria nossas habilidades e recursos, nossa saúde e educação, bem como nossas posses, dinheiro e oportunidades. Também cobriria nossas personalidades, nosso senso de economia, nossa abertura à nova informação (isto é, nossa humildade), nossa perspicácia, nosso nível de tolerância ao risco, entre várias atitudes que são exclusivas a nós como indivíduos. Incluiria todos os traços que possuímos em virtude de termos sido criados à imagem de Deus, e, também, todos os nossos traços individuais de personalidade, pequenos e grandes, que subestimamos ou nem mesmo notamos. Poderia até incluir nossa rede de contatos desenvolvidos por conta própria ou herdados. A lista poderia seguir indefinidamente. Há muito em nossas vidas de que nos beneficiamos, e muito disso recebemos ou dos outros ou circunstancialmente; ou seja, não podermos afirmar que seja apenas por nosso mérito. Podemos até ter algum controle sobre o que recebemos e, talvez, desenvolvemos ou expandimos algumas capacidades. Mas, frequentemente, elas vêm a nós pela sorte de nossa genética ou geografia, ou pelos dons dos outros.

Nossa obrigação em face desses dons é reconhecê-los precisamente como tais. Eles vêm com a responsabilidade de empregá-los de formas que honrem o doador, seja ele conhecido ou não; e, independentemente disso, de formas que sirvam a algum fim mais elevado ou *telos* moral. Isso é verdadeiro tanto no nível espiritual quanto no material. Uma lição da Parábola dos Talentos é que a criatividade pode ser uma resposta à lealdade e à gratidão, e que não é imoral lucrar com nossos recursos. Tenha em mente que a alternativa ao lucro é a perda – mesmo se for apenas a perda de oportunidades. Certamente uma perda, seja de oportunidade ou riqueza – em particular, quando se deve à falta de iniciativa – não constitui boa administração.

Essa parábola pressupõe uma compreensão da adequada administração do dinheiro. Na lei rabínica, o ato de enterrar era considerado a melhor proteção contra o roubo. Se uma pessoa encarregada do dinheiro o enterrasse assim que o tivesse em sua posse, ficaria livre de culpa se algo ocorresse com ele. O oposto se aplicava no caso de dinheiro guardado dentro de um pedaço de tecido. No segundo caso, a pessoa era responsável por cobrir qualquer perda incorrida como resultado do cuidado inadequado do depósito[44].

Ainda assim, essa história inverte totalmente essa compreensão. Se o senhor quisesse enterrar os talentos, não precisaria tê-los dado a outros. E ele evidentemente entendia que ficar na mesma seria de fato uma perda – porque a riqueza tem potencial. Esta é parte de sua responsabilidade. Do ponto de vista econômico, tempo é dinheiro (ou juros).

Outra lição desta parábola diz respeito ao uso das capacidades e recursos que Deus nos confia – a nossa resposta a esse dom. E, certamente, não é a primeira vez que vemos esse tema na Bíblia. No livro do Gênesis, Deus confia a Terra a Adão para que aplique o trabalho humano no sustento da família humana. Essencialmente, a mesma coisa é vista na Parábola dos Talentos, em que o senhor espera que seus servos exerçam sua criatividade. Em vez de esconder passivamente o que lhes foi concedido, espera-se que os servos invistam o dinheiro, ou seja, apliquem suas mentes e trabalho de forma criativa. O senhor fica revoltado com a timidez – e descaracterização do próprio senhor - por parte do servo que tinha recebido um talento e nada fizera com ele. Analisemos mais cuidadosamente esse servo.

A forma com que o servo preguiçoso caracteriza o seu senhor é muito reveladora. O primeiro a ressaltar é que o medo que ele sente de seu senhor – o qual culpará por seu fracasso em investir o seu talento – não fica claro desde o início, quando o senhor lhe confia sua riqueza. Naquele momento, pareceria que a sua atitude deveria ser de apreciação ou orgulho por ter sido escolhido para a tarefa. Não há evidência de que ele veja seu senhor como algo além de um generoso benfeitor que confia em seu servo.

É apenas quando o servo trai essa confiança que ele se volta contra o seu senhor. Ou seja, é quando é chamado a prestar contas de suas ações que ele oferece uma avaliação pejorativa e imprecisa: "Senhor, soube que és um homem duro, que colhes onde não semeaste, e ajuntas onde não espalhaste. E

---

44. *The Babylonian Talmud* (Seder Nezikin), *Baba Metzia* vol. 1. Trad H. Freedman. New York: Rebecca Bennet Publications Inc., 1959. pp. 250–51.

receoso, fui e escondi na terra o teu talento". Evidentemente, o pressuposto aqui é que, seja qual for a propriedade do senhor, ele a obteve injustamente – não pela criatividade produtiva, mas por alguma forma desconhecida de exploração.

Essa nova atitude antagônica, repleta de inveja e resistência, tem muito em comum com a visão cultural de nossa economia livre e próspera. Muitos de nossos contemporâneos julgam o experimento mais produtivo e liberal da história humana, condenando-o por extrair, em vez de criar riqueza; acusando-o, com efeito, de colher onde não semeou – enquanto desfruta os benefícios daquela farta colheita[45].

Outro detalhe instrutivo da Parábola dos Talentos tem a ver com segurança. Ao longo da história humana, muitas pessoas tentaram alcançar a segurança absoluta, assim como o servo fracassado da parábola. Esses esforços têm variado dos estados assistencialistas greco-romanos aos movimentos nacionalistas de vários tipos, do totalitarismo soviético de grande escala até as comunas luditas na década de 1960. Muitos desses esforços foram apoiados por cristãos como soluções moralmente superiores à insegurança que atormenta a existência humana.

Ainda assim, na Parábola dos Talentos, é a virtude da coragem em face de um futuro incerto que é recompensada – no caso dos dois primeiros servos que duplicaram as grandes quantias que lhe foram confiadas ao expô-las ao risco. O primeiro negociou cinco talentos e, ao fazê-lo, adquiriu mais cinco. Teria sido muito mais seguro para ele ter investido o dinheiro no banco e recebido juros. Mas a confiança dele, somada ao conhecimento apurado de seu senhor permitiu-lhe manter o que lhe fora confiado, além do que tinha obtido e, assim, descobrir uma relação mais profunda de alegria com seu senhor.

---

45. É interessante comparar a atitude desse servo fracassado para com seu senhor com a atitude de Karl Marx para o empreendedorismo. "a acumulação de riqueza num polo é, ao mesmo tempo, a acumulação de miséria, o suplício do trabalho, a escravidão, a ignorância, a brutalização e a degradação moral no polo oposto, isto é, do lado da classe que produz seu próprio produto como capital." Marx, Karl. *Capital*. Vol. 1, cap. 25. Disponível em: https://www.marxists.org/archive/marx/works/1867-c1/ ch25.htm; "A produção capitalista, portanto, desenvolve tecnologia e combina vários processos em um todo social, apenas ao extrair os recursos originais de toda a riqueza – a terra e o trabalhador." Marx, Karl. *Capital*. Vol. 1, cap. 25. Disponível em: https://www.marxists.org/archive/marx/works/subject/quotes/ index.htm.

O primeiro servo enfrentou a incerteza, uma característica persistente e inegável do mundo, de uma forma empreendedora. A incerteza sobre o futuro continua sendo uma característica inevitável das circunstâncias humanas que deve ser encarada com a virtude da coragem, com determinação e fé. Esta, talvez mais que a postura empresarial deles, é a real virtude dos dois primeiros servos. O medo do desconhecido frequentemente imobiliza as pessoas. Pessoas inevitavelmente fracassam, mas faz sentido dizer que não existe fracasso maior do que nunca tentar. Para quem crê, o pecado cardeal da preguiça simplesmente não é uma opção. São as virtudes da fé, esperança e confiança em face de grandes obstáculos – e não a ganância – que caracteriza o empreendedor. Muito antes de saber se obterá um retorno sobre seus investimentos ou ideias, ele arrisca seu tempo e propriedade. Em muitos casos, está disposto a arriscar todo o seu futuro e o de sua família e, ainda assim, considera o risco proporcional à recompensa potencial.

Imagine como deve ser pagar salários muitos antes de ter uma clara ideia de se o seu negócio será lucrativo. Pessoas estão dispostas a assumir tais riscos porque vislumbram o futuro com coragem e um senso de oportunidade. Estão em alerta para novas descobertas, inovações e outras formas de fazer coisas. Elas verdadeiramente pensam "fora da caixa", para o benefício de todos. Ao criar novas empresas, geram alternativas que os trabalhadores podem escolher para obter salários, desenvolver habilidades e suprir produtos e serviços necessários para melhorar a vida humana. Este é o verdadeiro significado de "especulação".

Por que, então, os empreendedores (como os dois servos desta parábola) são frequentemente vistos como exploradores moralmente inferiores, como egoístas e motivados pela ganância? Obviamente, alguns investidores são muito motivados, assim como pessoas em outras profissões, inclusive em instituições religiosas. E, mesmo assim, muitos líderes religiosos falam e agem como se o uso que os empresários fazem de seus talentos e recursos naturais para buscar o lucro fosse intrinsicamente imoral, como se tal atividade lucrativa só pudesse ser redimida caso o lucro fosse de alguma forma redistribuído. A Parábola dos Talentos deveria libertar-nos dessa noção.

O servo preguiçoso poderia ter evitado seu terrível destino, fosse recusando a oferta do senhor ou emulando – e não culpando o seu senhor –, sendo assim mais empreendedor. É intrigante especular como os eventos nesta parábola poderiam ter se desenrolado caso o servo tivesse feito algum esforço para negociar o dinheiro de seu senhor, voltando com menos de um talento. É difícil imaginar, dada a atmosfera moral da parábola como um todo, que ele teria sido tratado tão mal, pois, pelo menos, teria trabalhado em nome de seu senhor. Poderia ter havido uma nova lição, reafirmando aos empresários que, tendo feito um esforço de boa fé em sua empreitada, mesmo tendo falhado nela, não deveriam se ver como fracassados à luz dos caprichos do mercado. Afinal, nem todo fracasso é um fracasso moral. Mas, em vez de tentar e fracassar (ou ter sucesso), ele permitiu que o seu medo e desconfiança do senhor, cuja fonte era a inveja ou ilusão, o imobilizasse. Ele nunca entendeu seu senhor.

As instituições religiosas, junto com todas aquelas cuja tarefa é formar o consenso moral, deveriam reconhecer o empreendedorismo pelo que ele é – uma vocação, um chamado em busca de formação, maturação e clareza de missão. A habilidade de ter sucesso nos negócios, no mercado de ações ou nos investimentos é um talento. Assim como outros, pode ser mal direcionado, e não deveria ser desperdiçado, mas refinado e usado em seu todo o seu potencial para a glória de Deus. Críticos facilmente confundem especulação financeira com ganância. Ainda assim, a natureza fundamental da vocação empreendedora é especular (do Latim, *specere*: "buscar"), focar nas necessidades dos clientes; em outras palavras, ser orientado para o outro. Para ter sucesso, o empreendedor deve servir aos outros. De fato, os lucros obtidos em uma economia livre são uma indicação disso: atender as necessidades dos outros. Se um empreendedor não serve aos outros, pela perspectiva deles próprios, ele não será um empreendedor de sucesso.

De fato, a ganância é um problema espiritual, um vício que nos ameaça não importando nossa riqueza ou vocação. É um desejo excessivo, desordenado e insaciável pelo ganho material (e, às vezes, não só material) e satisfação. Quando tal desejo excessivo é profundo dentro do ser de uma pessoa, ele supera todas as outras prioridades morais e espirituais. Essa parábola não retrata o lucro como injusto – pela simples razão de o primeiro servo ter recebido mais do que o segundo e o terceiro. A mera conquista do lucro pelo uso de seu talento empresarial não é, portanto, um desejo desordenado. É o emprego adequado do talento.

Frequentemente ouvimos líderes religiosos condenando o lucro. Em vez disso, parecem favorecer vários tipos de nivelamento social e a redistribuição de renda em nome da "igualdade". Promovem "saúde universal", mais gastos em assistencialismo, e tributação maior para os ricos – tudo em nome da ética cristã. A meta de tais construtos é o bem-estar humano através da igualdade, como se as desigualdades que existem entre as pessoas fossem, de alguma forma, inerentemente injustas e desumanas. Mas a igualdade não é a mensagem desta parábola.

O senhor confiou os talentos a cada um de seus servos conforme suas habilidades particulares. Não se tratava realmente de mérito; foi um presente direto, um teste da vontade e intensidade do desejo. Foi, talvez, um esforço de mentoria. Os três servos claramente não foram tratados "igualmente"; um recebeu cinco talentos, enquanto outro, apenas um. Suas habilidades também eram claramente distintas. Aquele que recebeu menos não recebe simpatia do senhor por sua falta de recursos em relação a seus companheiros. De fato, a recomendação idêntica – ou seja, igual – a cada um dos servos produtivos destaca que o senhor buscava uma resposta confiante e criativa à sua própria confiança, em vez de simplesmente o portfólio mais lucrativo.

Certamente não podemos inferir, pelo menos, desta parábola, que a realocação "equânime" de recursos seja uma ideia boa e moral. Aqui, vemos que o fato de diferentes indivíduos terem diferentes níveis de recursos não é inerentemente injusto. Grandes desigualdades existem – pela simples razão de que sempre existem diferenças entre as pessoas. Nenhum ser humano é feito exatamente como outro. Somos distintos, únicos e irrepetíveis – na verdade, valiosos por sermos tão raros. Um sistema moral é aquele que reconhece tanto essa diversidade esplêndida como nossa igual dignidade e, por causa disso, permite que cada pessoa use seus talentos em sua plenitude, buscando a sacralidade particular encontrada em cada circunstância particular. Toda pessoa tem um chamado que lhe permitirá empregar os talentos, faculdades e aptidões com os quais foi dotada. Cada uma é simplesmente chamada a ter fé, e não ser necessariamente a ter sucesso, como a Madre (hoje Santa) Tereza de Calcutá observou[46].

Pode haver uma aplicação prática da lição desta parábola em nossa situação social e econômica. No presente, o pagamento que os trabalhadores recebem

---

46. Teresa of Calcutta, "Called to Profess, Not Success," *Catholic Life*. 28 de março de 2017. Disponível em: https://catholiclife.diolc.org/2017/03/28/called-to-profess-not-success/.

por seu trabalho é tributado para assistir muitos que não trabalham. Frequentemente ouvimos que não "existem empregos" para eles. Como isso é possível? Onde existem necessidades humanas, há sempre trabalho a fazer. Um homem com duas mãos pode encontrar trabalho por um dólar/hora, a menos que decida não trabalhar. Políticos que buscavam ajudar os pobres conquistaram o exato oposto com iniciativas bem-intencionadas, porém equivocadas: salários-mínimos elevados que tiram trabalhadores inexperientes do mercado de trabalho, afastando o trabalho produtivo de pessoas que buscam emprego.

Incentivos perversos estão em jogo quando as pessoas são subsidiadas para não trabalhar. A pandemia de 2020 é um caso em questão, quando as pessoas foram efetivamente pagas para não trabalhar e, possivelmente, incentivadas a não retornar ao trabalho devido à concessão de subsídios bem generosos, acima dos salários de mercado[47]. Note, isso não diz respeito a se deveríamos assistir pessoas em necessidade, mas sim aos problemas criados por um nível de assistência que desincentiva as pessoas a voltarem ao trabalho. Ao final de 2021, proprietários de negócios enfraquecidos eram incapazes de encontrar trabalhadores para contratar. Se duvida disso, pergunte ao proprietário do restaurante da esquina. Deus clama todas as pessoas a usarem quaisquer talentos que receberam e, independentemente das circunstâncias em que se encontram, a beneficiarem o mundo e seus concidadãos. Ainda assim, em nome da caridade e com todos os tipos de boas intenções, nosso sistema de assistência social frequentemente encoraja as pessoas a deixarem suas habilidades criativas naturais e de resolução de problemas, evitando que elas mesmo descubram seus talentos.

Não importa se tais políticas são financiadas pública ou privadamente: qualquer tipo de assistência indiscriminada que falha em discernir a necessidade ou capacidade humana mais profunda pode inibir o desenvolvimento

---

47. Holzer, Harry J. Hubbard, R. Glenn e Strain, Michael R. "Did Pandemic Unemployment Benefits Reduce Employment? Evidence from Early State-Level Expirations in June 2021," *NBER Working Paper Series*, National Bureau of Economic Research. Dezembro de 2021. Disponível em: https://www.nber.org/system/files/working_papers/w29575/w29575.pdf; Ganong, Peter et al., "Micro and Macro Disincentive Effects of Expanded Unemployment Benefits". 29 de julho de 2021. Disponível em: https:// www.jpmorganchase.com/content/dam/jpmc/jpmorgan-chase-and-co/institute/ pdf/when-unemployment-insurance-benefits-are-rolled-back-paper.pdf.

humano integral. Quando as instituições falham em agir como vizinhos para aqueles em necessidade, e, em vez disso, agem com uma "mentalidade burocrática" ou materialista, estão encorajando o pecado[48].

A Parábola dos Talentos implica que a inatividade proposital – ou, neste caso, desperdiçar o talento empreendedor – tem consequências. Afinal, o servo inferior não desperdiçou o dinheiro de seu senhor; ele apenas o escondeu no chão, algo totalmente permissível sob a lei rabínica da época.

Outra dimensão notável dessa história é a severidade da reação do senhor à indolência do servo improdutivo. Ele o chama de "perverso e preguiçoso" e o condena às "trevas exteriores", onde deve haver "pranto e ranger de dentes". Aparentemente, não é apenas a preguiça do servo que motiva tal ira contra ele, mas a sua tentativa de defender sua indolência ao culpar o senhor. Como vimos, sua desculpa para não investir o dinheiro colocado à sua disposição é o fato de seu senhor ser duro e exigente – enquanto, na verdade, o senhor atribuiu recursos muito generosos a ele. De fato, a fonte da generosidade, o senhor, não é a raiz do problema do servo. O estudioso bíblico John Meier resume bem a ideia: "por medo do fracasso, ele se recusou até mesmo a tentar ter sucesso"[49].

Por mais surpreendente que pareça, pode também haver uma lição de macroeconomia aqui. O senhor segue viagem deixando um total de oito talentos; em seu retorno, o total subiu para quinze. Isso claramente não é um jogo de soma zero. O ganho de uma pessoa não precisa vir às custas do prejuízo de outra. A negociação exitosa do primeiro servo não reduz as possibilidades do terceiro servo. Isso também se aplica à economia atual. Ao contrário do que é pregado em muitos púlpitos, o sucesso dos prósperos não precisa vir às custas dos pobres.

Se o servo mais exitoso tivesse agredido ou roubado os outros para adquirir seu lucro, duvido que o senhor o teria elogiado. Um uso sábio dos recur-

---

48. Papa João Paulo II. *Centesimus annus* (1º de maio de 1991). Disponível em: https://www.vatican.va/content/john-paul-ii/pt/encyclicals/documents/hf_jp-ii_enc_01051991_centesimus-annus.html. Seção 48.
49. Meier, John P. *A Marginal Jew vol. 5, Probing the Authenticity of the Parables.* New Haven, Connecticut: Yale University Press, 2016. p. 291. Para uma boa análise do fracasso do terceiro servo, veja: Snodgrass, Klyne. *Stories with Intent: A Comprehensive Guide to the Parables of Jesus.* Grand Rapids, Michigan: William B. Eerdmans, 2008. p. 532.

sos em investimentos e poupança a juros não beneficia apenas o indivíduo, mas também tem efeitos socioeconômicos. Essa é a "onda que eleva todos os barcos" do presidente John Kennedy.

Essa história reveladora, surpreendente e até alarmante em suas conclusões é uma alegoria da lealdade ao reino e uma observação sobre o papel da volição pessoal nesse processo. Mas as implicações se estendem para toda a vida, aplicando-se a todas as pessoas. Todos nós somos chamados a empreender, a assumir riscos prudentes e a expandir nossos dons a fim de adicionar à abundância que nós já experimentamos. Somos chamados a sermos corajosos. Isso é parte do que significa ser totalmente humano. A Parábola dos Talentos ilustra o potencial de uma economia global livre e virtuosa, que estenderia a riqueza do mundo desenvolvido às nações em desenvolvimento.

Nem mesmo tentar é outra forma de falhar em reconhecer a própria natureza do dom. O que é necessário é um grupo de pessoas que são empreendedoras igualmente em dimensões morais, espirituais e materiais, encarando o futuro incerto com coragem e fé, reformando suas próprias vidas conforme reformam e melhoram o mundo ao seu redor. Então, quando o mestre retornar, seremos julgados por termos sido comprovadamente fiéis.

CAPÍTULO 8

# O REI QUE VAI À GUERRA

∞

> Porque qual de vós, querendo edificar uma torre, não se dedica primeiro a calcular o seu custo, para ver se tem o suficiente para acabá-la? Para não acontecer que, depois de haver posto os alicerces, e não sendo capaz de acabá-la, todos os que a virem comecem a escarnecer dele, dizendo: Este homem começou a edificar e não foi capaz de acabar. Ou qual é o rei que, indo guerrear contra outro rei, não busca primeiro se aconselhar se com dez mil é capaz de sair ao encontro do que vem contra ele com vinte mil? Do contrário, estando o outro ainda longe, ele envia embaixadores e pede condições de paz. Assim, pois, qualquer de vós que não renunciar a tudo quanto tem, não pode ser meu discípulo. (Lucas 14:28-33)

A Parábola do Rei que vai à Guerra constitui um alerta sobre a prudência do cálculo, que também poderia ser descrito como discernimento ou deliberação. A palavra "cálculo" adquiriu uma conotação negativa em determinados contextos, como quando nos referimos a alguém como "calculista" em seus relacionamentos pessoais, implicando que tal pessoa é manipuladora, ou seja, faltando-lhe clareza, transparência e sinceridade ao lidar com os outros. Uma pessoa calculista tem um objetivo final em mente; ela está montando esquemas para o seu próprio benefício. Já o cálculo que a parábola nos ensina reflete a consideração deliberada do custo do discipulado cristão. Esse tipo de cálculo permite um grau de compromisso. A parábola oferece uma resposta mais surpreendente sobre o cálculo que cada discípulo potencial precisa fazer: o custo é total. Tudo deve ser renunciado. Meias medidas não bastarão. Não adianta começar e parar na metade. Melhor nunca ter começado. Como no pôquer, ou apostamos todas as fichas, ou estamos fora.

Esta parábola é um grande exemplo de como Jesus chama a nossa atenção para uma história muito familiar. Afinal, quantos estudantes começam uma faculdade e não a terminam? Quantas famílias começam reformas e param antes de terminá-las, deixando para trás uma bagunça maior do que quando começaram? Há muitos casos de pessoas "despejando dinheiro em projetos ruins". Esses casos podem ser educativos após o fato, mas não temos resultados para mostrar. Uma tarefa definida por sua conclusão é uma tarefa que deve ser executada do início ao fim. Antes de iniciar um projeto, então, temos que preparar uma estimativa de custo e considerar se, de fato, queremos iniciá-lo agora. E, se assim for, adotarmos a virtude da perseverança ou constância para implementá-lo. A parábola, então, serve como um alerta para o discípulo: será um caminho longo e difícil. Se não estivermos dispostos a trilhá-lo, melhor nem dar o primeiro passo.

O mundo da economia também exemplifica esse princípio. A transformação de sociedades inteiras de pobres a prósperas via desenvolvimento e produção se dá ao longo do tempo; não ocorre instantaneamente. Os seres humanos têm uma capacidade de planejamento futuro muito superior à dos outros animais. Podemos refletir sobre o curto, médio e longo prazos. Podemos contemplar a nós mesmos; quer dizer, podemos contemplar nossa própria contemplação. Podemos renunciar a ganhos de curto prazo em prol de ganhos maiores no longo prazo. Podemos escolher contrair dívidas no presente que antecipamos pagar com receitas futuras. Essas capacidades extraordinárias frequentemente explicam o progresso e o aperfeiçoamento humanos.

Nossa capacidade de projetar e planejar nos permite criar estruturas complexas de produção e construção que se estendem por muitos anos e até mesmo gerações. Considere que Donato Bramante, um dos arquitetos originais da Basílica de São Pedro em Roma, faleceu cerca de um século antes de sua obra-prima ser completada. A produção de mercado também requer a habilidade e determinação de planejar para o futuro, o que significa antecipar tanto o esperado como o inesperado. É a capacidade de ver a realidade de algo antes mesmo que exista. Como a parábola ilustra, isso é tanto uma responsabilidade como um fardo.

A Parábola do Rei que vai à Guerra conecta-nos com a tradição da guerra justa, a qual exige, entre outros critérios, um prospecto de sucesso: se uma nação não tem uma probabilidade razoável de sucesso na batalha, seus líderes seriam condenados como imorais se enviassem seus homens para a morte. Deve haver mais do que apenas uma chance de vitória, deve haver um bom prospecto.

Esta é apenas uma das diversas restrições que requerem um discernimento ou cálculo adequado para a entrada em uma guerra justa, mas esta é particularmente louvável[50].

O postulado a ser considerado é particularmente louvável, pois se incorpora a um viés rumo a paz. Se um país não pode vencer, é melhor negociar termos por vias diplomáticas. Estadistas não devem se envolver em aventuras imperiais imprudentes. Governantes sábios que não querem desperdiçar dinheiro e vidas de soldados buscam a paz. Um bom cálculo é ainda mais crítico quando os riscos são elevados e as consequências resultantes de um cálculo equivocado podem ser trágicas.

O caso do rei vem depois de um exemplo mais comum e, talvez, mais acessível de um homem que escolheu construir uma torre em sua vinha. Muito provavelmente se tratava de uma torre de vigia e, como tal, um bem de luxo não acessível para todo proprietário de vinha. O proprietário decidiu construir uma, porém, tinha uma renda modesta e se viu incapaz de completá-la – desperdiçando recursos e se tornando alvo de ridicularização.

Tanto a Parábola da Torre como a Parábola do Rei que vai à Guerra abordam a questão de projetos incompletos e a necessidade de planejamento inteligente. Assim, são particularmente interessantes desde o ponto de vista da economia na medida em que geram implicações para uma situação que atormenta o setor comercial: momentos em que investimentos vão mal – a saber, recessões e negócios fracassados. Planos são feitos, sonhos são sonhados, capital é investido, projetos são iniciados, contratos são fechados e ampliações são contempladas, mas, então, ocorre alguma virada nos eventos. Planos são

---

50. Catechism of the Catholic Church 2309. *Catholic Culture*. Disponível em: https://www.catholicculture.org/culture/library/catechism/index.cfm?recnum=1673

ameaçados, dinheiro é perdido, projetos são abandonados e a produção é retraída. Às vezes, o resultado é a falência.

Tais fracassos empresariais podem ocorrer em nível micro, quando um indivíduo vai mal, ou em nível macro, quando uma economia inteira naufraga e os negócios falham no agregado. No primeiro caso, as falências podem ser o resultado de gastos extravagantes ou de uma falha em entender o mercado. Isso pode às vezes resultar de irresponsabilidade direta, mas também de julgamento ruim, conhecimento insuficiente ou mudança nos perfis de consumo.

Para o empreendedor, o futuro é sempre incerto. É raro que todos os recursos estejam disponíveis de antemão para finalizar todos os projetos iniciados. A maioria das startups falha não por falta de uma boa ideia, mas por falta de recursos que permitam que o empreendedor encare os primeiros e mais arriscados estágios de sua empreitada até os estágios posteriores de receita. Pode não haver tempo para reunir ou produzir recursos suficientes.

O fluxo de receitas do negócio deve prover os fundos para atingir a lucratividade no longo prazo. Se tal fonte secar – algo que pode ocorrer por diversas razões –, o projeto deve ser abandonado. Da perspectiva de um pastor, vale dizer que não há que se envergonhar de um fracasso empresarial. Uma loja que serve ao público por algum tempo, lucrando como resultado, é uma empreitada digna. Mas deixar de ser lucrativo não diz nada negativo sobre sucessos reais passados – não os anula. Fala apenas sobre o presente.

Considere um caso mais enigmático: uma recessão econômica, quando muitos negócios costumam falir simultaneamente. Isso pode ser o resultado de um desastre natural como uma tempestade ou uma praga. Nas economias modernas, isso frequentemente ocorre devido a uma série de escolhas equivocadas de uma classe interconectada de investidores, frequentemente como o resultado de terem recebido sinais falsos. Tais investidores podem imaginar um futuro brilhante com crescente demanda de consumo e uma infinidade de capital disponível, mas, às vezes, as circunstâncias mudam, e nem a demanda nem o capital conseguem ser tão abundantes como o previsto.

A maioria dos negócios investe via linhas de crédito. Ou seja, tomam dinheiro emprestado com base na expectativa de um fluxo futuro de receita futuro. Quanto lhes custa tomar emprestado depende da taxa de juros, que corresponde à taxa de lucro, o que, por sua vez, depende da taxa de poupança. Para um resultado bem-sucedido, os empreendedores precisam ter em mente essa sequência de três passos e fazer os cálculos exigidos em cada nível. O ponto central é que a poupança é um prerrequisito necessário para o investimento, mesmo quando tal investimento é feito via linhas de crédito. A capacidade e os meios para investir devem vir de algum lugar. Não se pode emprestar ou doar algo que não for antes produzido.

Como a taxa de juros reflete a taxa de poupança, os investidores têm uma boa ideia de quantos recursos estarão disponíveis no futuro para aquisição de seus produtos acabados. Também sabem a quantidade de poupança disponível para financiar sua linha de crédito. Toda essa transformação é comunicada pelas taxas de poupança e de crédito. Quando há ruídos na comunicação – como quando um banco central manipula a oferta de crédito –, os investidores podem investir muito em pouco tempo, não sendo capazes de concluir o projeto. A capacidade de calcular os custos e riscos reais do investimento é profundamente ofuscada e dificultada por esse tipo de interferência.

Naquilo que os economistas chamam de "ciclo de negócios", o setor de investimentos incha como uma bolha. Taxas de juros baixas instigam empresas a tomar empréstimos pesados na esperança de lucros futuros. Mas os recursos para completar a jornada acabam sendo ilusórios. Investimentos tardios devem ser recalculados, já que não existem recursos disponíveis para sustentá-los. Alguns exemplos dessa dinâmica marcam o início da Grande Depressão de 1929, do estouro da bolha das "ponto.com" no final da década de 1990, e da explosão da bolha imobiliária e subsequente crise financeira de 2008. É instrutivo ver como esse fenômeno, reconhecido pelos economistas apenas nos tempos modernos, aparece nesta parábola de Jesus.

A parábola também destaca um aspecto fascinante da "estrutura temporal" de produção. Bens e serviços simplesmente não aparecem no mercado de um dia para o outro. A produção e a venda do item mais simples exigem uma boa dose de planejamento. Matérias-primas devem ser compradas; bens de capital, adquiridos; trabalhadores, contratados; e a estratégia de marketing, decidida e implementada. Tudo isso deve acontecer antes de um bem final poder ser adquirido pelo consumidor. Se um bem ou serviço é lucrativo, e em que medida, depende unicamente dos consumidores em seu papel de tomadores de decisão, que compram ou não compram com base em suas próprias necessidades subjetivas. São as decisões futuras dos consumidores que o empreendedor deve calcular em todos os níveis da estrutura comercial.

É evidente que a produção em uma economia de mercado requer bom julgamento, planejamento de longo prazo, cálculo e discernimento.

A produção requer informação confiável e inteligência. Enfaticamente, não é uma disputa "cão come cão" entre consumismo e ganância, como é frequentemente caracterizada. É uma matriz complexa de troca que se estende para toda população, tanto produtores como consumidores, uma matriz caracterizada por cooperação, planejamento e julgamento. E a variável tempo da produção, conforme esse processo se desenrola, requer planejamento e coordenação como qualquer outro aspecto. É um equilíbrio delicado, cuidadosamente calibrado pelo planejamento individual que, como temos visto, depende de sinais de mercado confiáveis que, por sua vez, dependem da informação revelada na livre troca e na cooperação. Quando o livre mercado é impedido, sendo as trocas baseadas em coisas além das escolhas livres das partes, aqueles sinais se alteram, causando descoordenação e desperdício.

Algumas pessoas são melhores empreendedoras do que outras? Certamente. A divisão do trabalho aplica-se aqui como em outras instâncias da sociedade. As pessoas que se comportam como o tolo proprietário da vinha ou o rei que vai à guerra não durarão muito no mercado. Seu julgamento ruim sairá caro, impondo perdas insustentáveis. Por outro lado, o mercado recompensa aqueles que tomam boas decisões sobre o futuro e planejam de acordo. De certa forma, os empresários às vezes precisam vender tudo que têm para criarem seus negócios. Negócios familiares, em particular, são às vezes muito mais custosos do que se pode imaginar. Exigem muito tempo e, frequentemente, demandam até hipotecar a casa da família e consumir os fundos de aposentadoria.

Antes de alguém entrar em um negócio, deve examinar não apenas os custos iniciais, mas também os custos de longo prazo. Terá que avaliar não só as despesas atuais e os meios de que dispõe para quitá-las, mas qual será o custo para atingir determinado objetivo. Terá de aceitar que um negócio requer sacrifício.

Tudo isso deveria inspirar um respeito mais profundo pelos empreendedores bem-sucedidos do que normalmente é visto em nossa cultura. Eles auxiliam no processo de produção, elevam os padrões de vida, alimentam o crescimento econômico e economizam recursos. Políticas que encorajam ao curto-prazo, tais como tributos elevados, regulações sufocantes e expansões de crédito, devem ser evitadas, já que confundem e ofuscam os sinais de mercado necessários para discernir as condições adequadas de investimento[51]. Deveríamos fazer tudo o que é possível para pensarmos claramente sobre as implicações de longo prazo de tudo o que fazemos.

Ao chamar a atenção para a necessidade de discernir o custo do discipulado, Jesus nos lembra de escolhermos bem os investimentos que fazemos. Como a magnitude potencial da perda é infinitamente maior, o discernimento requerido para investir também é infinitamente maior – porque, claro, as consequências são eternas. Cristo nos pede o investimento final.

É claro, o que chamamos de "economia do discipulado" deve transcender até mesmo o tipo de sacrifício e renúncia que os empreendedores fazem em prol de suas famílias, empregados e consumidores. Quando Lucas cita Cristo como se pedisse que o jovem homem rico renunciasse a todos os seus recursos, isso não pode ser um requerimento universal do discipulado, tendo em vista o exemplo que o próprio Lucas oferece quatro capítulos depois ao recontar a história do coletor de impostos Zaqueu, cuja declaração que "a metade" – não o todo – "dos meus bens eu dou aos pobres, e se alguma coisa eu tenho tomado de algum homem por falsa acusação, o restituo quadruplicado" é aprovada pelas palavras de Jesus: "Hoje veio a salvação a esta casa, porque este também é filho de Abraão. Porque o Filho do homem veio para buscar e salvar o que estava perdido" (Lucas 19:1-10)[52]. Cristo está pedindo às pessoas algo muito mais radical que apenas esvaziar suas contas bancárias; está pedindo a renúncia do coração do discípulo. Todo o resto segue como consequência disso.

Tudo que vale a pena ter requer sacrifício; nossa própria apreciação pelos confortos que desfrutamos hoje pode gerar uma grande recompensa proporcional ao nosso investimento. Para enxergar isso, é preciso ter visão. Para alcançá-lo, é preciso ter coragem e compromisso.

---

51. Para uma discussão clássica de o porquê os arranjos econômicos socialistas impossibilitam o cálculo econômico, veja Von Mises, Ludwig. *Socialism: An Economic and Sociological Analysis*. London: Jonathan Cape, 1974. p. 131, em que ele resume sucintamente seu argumento: "onde não há mercado, não há sistema de preços; e onde não há sistema de preços, não pode haver cálculo econômico."
52. Veja minha discussão no Posfácio.

CAPÍTULO 9

# A CASA CONSTRUÍDA SOBRE A ROCHA

∞

Todo aquele, pois, que escuta estas minhas palavras e as pratica, assemelhá-lo-ei ao homem sábio, que construiu a sua casa sobre a rocha. E desceu a chuva, vieram as inundações, e sopraram os ventos e golpearam contra aquela casa, mas ela não caiu, porque estava fundada sobre a rocha. E aquele que ouve estas minhas palavras e não as pratica, compará-lo-ei ao homem insensato, que edificou a sua casa sobre a areia. E desceu a chuva, vieram as inundações, e sopraram os ventos e golpearam contra aquela casa, e ela caiu, e grande foi a sua queda. E aconteceu que, concluindo Jesus este discurso, as pessoas se admiraram da sua doutrina. (Mateus 7:24-28)

E por que me chamais, Senhor, Senhor, e não fazeis as coisas que eu digo? Todo aquele que vem a mim, e ouve as minhas palavras, e as pratica, eu vos mostrarei a quem ele é semelhante; ele é semelhante a um homem que edificou uma casa, e cavou fundo, e pôs os alicerces sobre a rocha; e, vindo a enchente, a corrente batia veementemente sobre aquela casa, e não a pôde abalar, pois esta estava fundada sobre a rocha. Mas o que ouve e não pratica é semelhante a um homem que edificou uma casa sobre a terra, sem alicerces; na qual a corrente batia veementemente, e imediatamente desabou; e foi grande a ruína daquela casa. (Lucas 6:46-49)

Neste capítulo, consideraremos duas versões do que parece ser essencialmente a mesma parábola, embora elas contemplem detalhes diferentes e sejam direcionadas a públicos diferentes. Estudiosos das Escrituras têm pesquisado detalhadamente as fontes das quais Mateus e Lucas derivaram suas parábolas e a relevância das diferenças entre os seus relatos. Para o nosso propósito mais específico, todavia, que é verificar quaisquer pressupostos, sabedoria e *insights* econômicos que elas têm a oferecer, esses detalhes não irão nos atrasar, mesmo que sejam intrigantes e importantes para qualquer entendimento sólido da Bíblia. Aqui, em vez disso, focaremos naquilo que ambos os relatos têm em comum.

A moral compartilhada pelas versões da parábola tanto em Mateus quanto em Lucas é uma lição em estabilidade em face da adversidade, e um alerta para que se garanta a fundação do edifício que se constrói. Aqui há uma alusão teológica ao Julgamento Final, e se a fundação sobre a qual o construímos irá sustentá-lo[53]. Ouvir a verdade não é suficiente; também devemos obedecê-la, colocando-a em prática. Isso é o que protege uma pessoa em tempos difíceis. Uma casa construída sobre a areia pode parecer sólida, mas quando a tempestade vem, a verdade é revelada. Apenas aquelas construídas sobre a rocha sobreviverão.

Essas imagens falam diretamente com nossa própria experiência e conhecimento. Elas nos alertam sobre a tolice de esquemas mal concebidos. Projetam imagens inesquecíveis de comportamento sábio e tolo, e nos fazem imaginar, pensar, refletir e aplicar essas lições às nossas próprias vidas. Como o comércio impacta a todos nós em nossas vidas diárias, é precisamente do comércio e seu contexto que muitas das lições das parábolas são extraídas.

Essas parábolas dramáticas nos pedem que consideremos especificamente a construção de uma casa. A moradia, junto com o alimento e a vestimenta, é uma necessidade essencial para a sobrevivência humana. A necessidade é intercultural: a necessidade de se proteger dos elementos é um problema enfrentado em todas as épocas e em todos os lugares, e isso não mudará no futuro. É por isso que a história nos soa tão familiar. Quando nos mudamos para uma nova cidade, enfrentamos o problema da moradia. Há decisões a serem tomadas: comprar ou alugar? Em qual bairro da cidade morar? E o

---

53. Joachim Jeremias, Rediscovering the Parables (New York: Charles Scribner's Sons, 1968), 153.

tamanho da casa? Quanto gastar? Como são as escolas na região, e quão próximas? A casa é próxima de nosso trabalho? A construção da casa também influencia o seu valor, motivo pelo qual temos inspetores e seguradoras para investigá-la. Uma construção deficiente torna o investimento vulnerável.

A história dos construtores sábios e tolos nos mostra um pouco do conhecimento técnico de Jesus na construção de casas – uma habilidade que, curiosamente, não era tão diferente do ofício da carpintaria. No mundo antigo, alguns indivíduos até conseguiam construir suas próprias casas, mas se essas casas fossem grandes, eles certamente terceirizariam a sua construção, mesmo que a divisão do trabalho como tal ainda não fosse uma realidade. Hoje, podemos viver em uma casa confortável e bem construída mesmo se pessoalmente tivermos poucas das habilidades necessárias para construí-la, tais como força física e perseverança, um entendimento de como fazer medições corretas, o conhecimento sobre como as coisas se encaixam para sustentar o peso etc. Hoje podemos "terceirizar" essas habilidades; um entendimento pessoal delas indubitavelmente teria sido muito mais necessário no primeiro século.

A construção de uma casa também é uma questão de tempo e recursos, e precisamos encarar *tradeoffs*: você construiria uma casa na correria, montando as bases em um solo com condições abaixo das ideais? Ou deveria buscar o melhor lugar possível, onde a casa possa ficar protegida tanto do clima como do tempo?

A metáfora de uma estrutura sólida com uma fundação firme é, obviamente, uma metáfora para nossas vidas morais e espirituais. Por meio dela, Jesus quer garantir que o conheçamos como a "rocha" sobre a qual nossa fé se assenta (1 Coríntios 10:4). Em um nível menos transcendente, a economia entra em jogo, e também influencia nossa espiritualidade. Afinal, ambas são escolhas entre celeridade e valor de longo prazo. Imagine se o mercado imobiliário estivesse aquecido. Compradores teriam todos os incentivos para descobrir se uma casa foi verdadeiramente bem construída. Uma fundação ruim afetará o valor de longo prazo da casa.

Isso se aplica igualmente tanto aos proprietários da casa como ao valor dela para a comunidade como um todo. Lembro-me de uma cidade no Meio-Oeste em que havia uma casa de dois andares do século passado construída no belo estilo vitoriano. Ela brilhava com a sua pintura branca e seu telhado havia sido recentemente renovado. Seu bem-cuidado jardim era rodeado por uma charmosa cerca-viva que acompanhava o estilo da casa. O interior era igualmente bonito. Era muito espaçosa, localizada em uma grande propriedade e cuidadosamente tratada. Era uma casa admirada por todos.

Um dia ela foi colocada à venda – e, como se poderia esperar, a um preço muito elevado, apropriado para uma casa tão distinta. Tinha beleza, idade e graça. Quem seriam os sortudos a se tornarem os novos proprietários? É verdade, foi cotada no maior valor de mercado, mas ninguém duvidou por um momento de que os proprietários conseguiriam o valor que tinham pedido. Então, vieram os inspetores, especialistas em examinar os detalhes de construção. Estavam trabalhando em nome dos potenciais compradores. O relatório que apresentaram foi duro, podendo ser resumido em duas palavras: fundação rachada. Quando se conhece casas, sabe-se o que isso significa. Mesmo que os proprietários seguintes pudessem viver em uma casa com uma fundação comprometida, enfrentariam um mercado cético no futuro e jamais recuperariam o valor investido nela. Em algum ponto, a casa colapsaria. Não há motivo para gastar dinheiro assim. Na verdade, seria jogar dinheiro fora. Seria uma tolice. O valor de uma fundação sólida e confiável é visto claramente aqui.

O que ocorreu com o valor daquela casa? Reflita comigo: o valor futuro foi trazido a valor presente, ou seja, o preço pelo qual ela poderia ser vendida no futuro ajudou a determinar o preço de venda no presente. O preço de venda passou a ser essencialmente o valor do terreno. Tudo isso ocorreu repentinamente. Em vez de ser vendida a um preço elevado, foi vendida apenas pelo valor do terreno. Era possível viver nela por algum tempo, mas logo foi desmanchada e outra foi construída em seu lugar. Tudo isso ocorreu devido a algo que ninguém mesmo conseguia enxergar. Todas as renovações, toda a tinta, toda a atenção estética não foi capaz de compensar tal fundação comprometida.

Isso reforça o fato de que a nossa parábola não diz respeito apenas ao efeito do clima em uma construção. Aborda a essência do que tem valor, tanto no aqui e agora de uma economia de mercado quanto em um sentido transcendente e eterno; no presente e no futuro. Não importa quanto tempo se gasta embelezando o exterior de uma casa, ou o quanto se faz marketing e a promove, ou quão belo é o seu jardim: uma casa sem uma fundação sólida não tem valor de longo prazo. Bens ruins eventualmente serão descobertos. A realidade é assim.

Aqui existem importantes lições econômicas e morais inescapáveis para investidores e empreendedores. Tentar ganhar dinheiro fácil não é sempre a melhor decisão de negócio no longo prazo. Um investimento prévio de tempo e dinheiro pode resultar em maior benefício no longo prazo. O uso de recursos extras no início de um projeto frequentemente evita dores de cabeça e perdas financeiras posteriores.

Uma economia moderna pode ser entendida como um processo de construção ou edificação. Frente a todos os recursos que temos a nossa disposição, ainda enfrentamos a decisão de como usá-los sabiamente. Fazemos bem em copiar o modelo do construtor sábio desta parábola, que encontra um solo que constitui uma fundação sólida sobre a qual construir. E isso não é apenas porque é de nosso interesse proteger nossa propriedade, nossas reputações e o valor criado pelo nosso trabalho. Há um efeito mais amplo e extenso: é do interesse da sociedade que planejemos sabiamente. Na medida em que cada um trabalha prudentemente, juntos veremos o valor de todos os recursos subir ao longo do tempo. Ao construirmos sobre a rocha e não sobre a areia, contribuímos para uma prosperidade duradoura.

A dimensão e a moral transcendentes desta parábola é clara. Aparências podem ser enganosas. Se quisermos ter um futuro sólido e confiável, a solidez de nossa fé deve estar na fundação de nossas vidas, de todos os nossos pensamentos, palavras e feitos. Devemos dar atenção à fundação de modo a assegurar o futuro. A relação informativa entre a vida comercial desta parábola e sua importância espiritual é rica e valiosa, pois nos mostra como mesclar perfeitamente nossas capacidades técnicas com nossos objetivos transcendentes.

CAPÍTULO 10
# LIÇÕES SOBRE ADMINISTRAÇÃO

∞

E disse o Senhor: Qual é, pois, o administrador fiel e prudente, que seu senhor fará governante sobre os servos, para lhes dar uma porção de alimento na estação devida? Abençoado é aquele servo, a quem o senhor, quando vier, achar fazendo assim. Em verdade eu vos digo que ele o fará governante sobre tudo o que ele tem. Mas, e se aquele servo disser em seu coração: O meu senhor atrasa em sua vinda, e começa a espancar os servos e servas, e a comer e a beber, e a embriagar-se, o senhor daquele servo virá em um dia quando ele não espera, e em uma hora quando ele não estiver ciente, e açoitá-lo-á severamente e irá designar-lhe sua porção com os incrédulos. E o servo que sabia a vontade do seu senhor e não se preparou, nem fez conforme a sua vontade, será castigado com muitos açoites. Mas, o que a não sabia e fez coisas dignas de açoites, será castigado com poucos açoites. Porque a quem quer que muito for dado, muito será requerido dele; e para o homem que muito foi confiado, muito mais se exigirá dele. (Lucas 12:42-48)

Quem é, pois, o servo fiel e prudente, a quem seu senhor fez governante sobre sua casa, para dar-lhes sustento na devida estação? Bendito é aquele servo que o seu senhor, quando vier, achar assim fazendo. Na verdade, eu vos digo que ele o fará governante sobre todos os seus bens. Mas se aquele mau servo disser no seu coração: O meu senhor, tarda em vir, e começar a espancar os *seus* conservos, e a comer e a beber com os beberrões, virá o senhor daquele servo no dia em que ele não *o* espera, e na hora de que ele não sabe, e cortá-lo-á pelo meio, e destinará a sua parte com os hipócritas; ali haverá pranto e ranger de dentes. (Mateus 24:45-51)

E ele dizia também aos seus discípulos: Havia um certo homem rico, o qual tinha um administrador; e este foi acusado perante ele de estar desperdiçando os seus bens. E ele, chamando-o, disse-lhe: O que é isso que eu ouço de ti? Entrega a conta da tua administração, porque já não podes mais ser meu administrador. Então, o administrador disse consigo: O que eu farei? Pois, o meu senhor, me tira a administração. Cavar eu não posso, de mendigar tenho vergonha. Eu resolvi o que fazer, quando me tirarem a administração, eles possam me receber em suas casas. Assim, ele chamando a si cada um dos devedores do seu senhor, disse ao primeiro: Quanto tu deves ao meu senhor? E ele disse: Cem medidas de azeite. E disse-lhe: Toma a tua conta e assenta-te rapidamente, e escreve cinquenta. Então, ele disse a outro: E tu, quanto deves? E ele disse: Cem medidas de trigo. E disse-lhe: Toma a tua conta e escreve oitenta. E o senhor elogiou o administrador injusto, porque ele agiu com sabedoria. Porque os filhos deste mundo são mais sábios na sua geração do que os filhos da luz. E eu vos digo: Fazei para si amigos com as riquezas da injustiça, para que, quando estas vos faltarem, eles vos recebam nas habitações eternas. Quem é fiel no pouco, também é fiel no muito; e quem é injusto no pouco, também é injusto no muito. Pois, se não tiverdes sido fiéis com as riquezas injustas, quem vos confiará as verdadeiras *riquezas*? E se não fostes fiéis naquilo que é de outro homem, quem vos dará o que é vosso? Nenhum servo pode servir a dois senhores; porque ou há de odiar um e amar o outro, ou se apegará a um e desprezará o outro. Não podeis servir a Deus e a Mamom. (Lucas 16:1-13)

Essas três perícopes[54] dos Evangelhos de Mateus e Lucas nos oferecem uma oportunidade para refletir sobre dimensões variadas de administração e responsabilização, a partir de perspectivas tanto negativas quanto positivas. A similaridade gritante entre os relatos de Mateus e Lucas acerca da Parábola do Administrador Fiel nos permite analisar as duas versões em conjunto. Comparações entre a Parábola do Administrador Astuto em Lucas, a bastante similar Parábola do Servo Fiel em Mateus, a parábola relacionada do Administrador Infiel (também em Lucas), e as especulações sobre o uso de fontes em comum intrigam estudantes e estudiosos da Bíblia, como, de fato, deveriam. Mas dado o nosso propósito específico, deixaremos esses detalhes de lado, focando no todo, de modo a esclarecer quais lições podem ser aprendidas ou quais comparações podem ser levadas para o mundo das finanças e da economia[55].

Todas as três parábolas são histórias sobre fidelidade: o senhor de uma casa confia suas posses ao administrador. Esse servo fiel faz valer a confiança atribuída a ele, enquanto o servo infiel tira vantagem da situação e se envolve em atos egrégios: gula e orgulho ou, no caso do administrador injusto, exploração direta e ardilosa da propriedade do senhor. Ao beber e abusar fisicamente dos outros servos, vemos dois comportamentos comuns de pessoas que imaginam serem responsabilizadas. Eles consomem a riqueza e estabelecem relações abusivas de poder com os outros, além de manifestar destemperança. Tudo isso revela um vício ainda mais fundamental e antitético ao discipulado: a infidelidade. Vemos isso especialmente no processo interno de reflexão do administrador infiel. Vemos monólogos interiores similares em outras parábolas de Lucas, os quais detalharemos no momento oportuno.

Nas famílias ricas, era comum que os servos confiáveis ("escravos", em algumas traduções) ficassem no comando da administração de todos os serviços da casa em troca de uma cota fixa de alimento e moradia. Até mesmo na tradição greco-romana, eles não eram tratados cruelmente ou agredidos sem motivo. No entanto, no caso do servo infiel, seus abusos são expostos e, em troca, ele recebe o mesmo tratamento que deu àqueles abaixo dele[56].

---

54. Conjunto de contos e escritos rápidos que formam uma lição ou compreensão única. (N. E.)
55. Hultgren, Arland J. *The Parables of Jesus: A Commentary*. Grand Rapids: William B. Eerdmans Pub. Co., 2000, p. 159.
56. Fonck, Leopold. *The Parables of Christ: An Exegetical and Practical Explanation*, ed. George O'Neill. Fort Collins, Colorado: Roman Catholic Books, 1997. p. 403.

A imagem do senhor aqui é a personificação da lei moral que garante a responsabilização de tudo. É comum que as pessoas sigam as suas vidas com sua atenção imediata nas microrrealidades que as confrontam, pensando que só serão julgadas por suas transgressões no futuro; aparentemente, cada vez mais as pessoas acreditam que nunca serão responsabilizadas. No entanto, a realidade é uma coisa teimosa, e não será ignorada. Cada um de nós será descoberto. Chegará o momento de prestarmos conta de nossa fidelidade.

Essas parábolas também podem ser vistas como um alerta contra qualquer forma de poder abusivo que se imagine acima da lei. O poder corruptor devora tanta riqueza quanto pode, mas também devora pessoas no processo. Certamente, isso é visto na longa história do poder coercivo ilimitado que não é submetido a nenhuma autoridade superior. Os governos, em particular, dado o seu grande tamanho, frequentemente agem como os servos maus dessas parábolas, que pensam estar agindo em segredo. O pressuposto de que eles não serão responsabilizados oculta os tipos de abusos relatados nas parábolas.

Confiança, a base da lealdade, é o aglutinante de todas as relações positivas, inclusive da vida comercial – que é simplesmente uma rede estendida de relações. A confiança une os negócios e viabiliza as relações entre emprestadores e tomadores de empréstimos, inquilinos e donos, trabalhadores e proprietários, benfeitores e beneficiados, gestores e acionistas. Todas essas relações exigem um grande volume de confiança de que todas as partes cumprirão o que prometeram, sendo responsáveis e honestas no processo.

Não importa se um locatário está buscando um inquilino, uma concessionária está considerando conceder crédito ou um empresário está buscando um gestor; o que se prioriza, de uma forma ou outra, é evidência do comportamento passado, através da qual avaliar a confiança atual. Analisamos relatórios de crédito, referências e o testemunho de outros com quem a pessoa fez negócios porque estamos buscando um administrador fiel.

O administrador "fiel" em Mateus e Lucas resguarda a confiança de seu benfeitor ao zelar pela propriedade enquanto o proprietário está em viagem, mesmo sem saber a data de seu retorno. Esse administrador tem um senso de responsabilidade, não importa se está sendo observado ou não. Pode-se confiar nele para zelar por aquilo que lhe é confiado e para cumprir o seu acordo de atender as expectativas do senhor. Esse é o tipo de pessoa que frequentemente prospera no longo prazo em todas as áreas da vida. No contexto contemporâneo, esta é a pessoa que tem um bom histórico de crédito, que avança nos negócios e cresce na hierarquia corporativa. Ele é o tipo de pessoa com quem os outros querem fazer negócios. É claro, não é assim em todos os casos – particularmente quando algum tipo de subterfúgio, desonestidade, prejuízo institucional ou coerção é introduzido no processo.

A questão que essas duas parábolas levantam, com respeito à fidelidade, é se uma pessoa permaneceria uma boa administradora se percebesse que o proprietário não estaria supervisionando suas atividades, ficando ausente por um longo período; em outras palavras, ela é confiável mesmo quando não há uma autoridade superior a quem deve prestar contas? Ela se sente responsabilizado a um padrão ou autoridade superior?

Você ainda pagaria suas contas no prazo se soubesse que não o fazer não prejudicaria seu histórico de crédito? Você destruiria um apartamento que estivesse alugando se soubesse que o proprietário não teria como recuperar o prejuízo ou jamais fosse saber quem tinha destruído sua propriedade? Você administraria mal uma companhia se os acionistas nunca descobrissem ou não se importassem com isso? Muitas pessoas dirigem carros alugados ou usam banheiros públicos com essa mentalidade. Vemos isso quando um direito de propriedade verificável é ofuscado ou enfraquecido.

Consideremos o caso de uma companhia de capital aberto. O CEO e a sua equipe, incluindo todos os vice-presidentes, não são proprietários (ou, de forma mais precisa, o título deles não garante propriedade). Essencialmente, são gestores, empregados ou administradores – semelhantes aos apresentados na parábola. Os verdadeiros proprietários são os acionistas. São eles que determinam a estrutura da administração. O problema surge na medida em que esse controle é a última instância, pois é exercido remotamente.

Uma grande dose de dano pode ocorrer dentro de uma companhia caso seus gestores não acreditem que os acionistas estão prestando atenção, particularmente se os gestores não forem inerentemente confiáveis. Os gestores – o CEO e sua equipe – têm o que é chamado de responsabilidade "fiduciária" com os acionistas. Essa palavra tem sua origem nos fiduciários latinos, *fiducia* e *fidere*, que falam de confiança ou de ser "confiado" algo por alguém. Espera-se que os gestores ajam com um "senso de propriedade", mesmo sem a propriedade legal. Seu papel é crítico e requer confiança, por exemplo, durante um *boom* do mercado de ações. Acionistas podem se tornar descuidados e gananciosos, acreditando que um preço cada vez maior confere algum tipo de legitimidade a uma companhia, mesmo quando o seu balanço está em condições terríveis.

Quando a bolha estoura, as coisas mudam. Acionistas se tornam belicosos. Por fim, examinam os balanços com atenção. Exigem prestação de contas por cada centavo gasto. São intolerantes com a irresponsabilidade e a má tomada de decisão. É precisamente esse estado de coisas para o qual as parábolas alertam, o retorno iminente do mestre ou "senhor". A data pode ser incerta. Mas, como vemos frequentemente durante recessões econômicas, escândalos corporativos emergem na medida em que a administração não pode mais esconder os problemas e se encontra pressionada.

Gestores corporativos podem se comportar como "administradores fiéis" ao deixarem a companhia em boa situação financeira, e não ilusória, usando recursos sabiamente mesmo quando os acionistas não estão prestando atenção, e tratando a propriedade da companhia como se fosse deles. Ou podem se comportar como "administradores infiéis", quebrando a confiança e desperdiçando os recursos que lhes foram confiados.

Não é necessário conhecer o nível corporativo para conhecer as verdades contidas nesta parábola. Esses princípios se desenrolam no mundo corporativo, mas também em lojas e mercados e – como qualquer pastor ou pai sabe – mesmo em igrejas, ou nas casas, particularmente quando os pais deixam um adolescente no comando. Toda função vem com responsabilidades. Todo trabalhador deve, em última instância, monitorar a si próprio. Isso é especialmente verdadeiro em uma economia desenvolvida, em que muitos trabalhadores se sentam atrás de terminais e têm inúmeras oportunidades de fazer coisas além do que foram contratados para fazer, ou quando, mais recentemente, tantos tiveram que trabalhar em casa. Quando somos pagos para realizar certas tarefas, quando fazemos contratos livremente para realizar tais tarefas, mas, em vez disso, usamos o tempo para outros propósitos alheios, e muito menos para autopromoção, estamos agindo como administradores infiéis.

Essas parábolas contêm fortes implicações para cada um de nós: trabalhadores, gestores, clero, famílias e outros. Todos somos gestores de uma forma ou outra, inclusive dentro de nossas casas. Também há implicações políticas particulares aqui. Políticos que se imaginam não observados e não responsabilizáveis se tornarão corruptos ou autoritários, envolvendo-se em comportamentos exploradores para com seus constituintes e as propriedades deles.

Se analisarmos especificamente o administrador desonesto de Lucas 16, há algumas lições mais complexas. Tão logo a sua traição é descoberta, ele se vê confrontado pelo dilema de como sobreviver. A verdade sobre o caráter e valores de uma pessoa é frequentemente revelada apenas nesses tipos de situações existenciais.

É claro que essa transparência imposta não altera a natureza básica do administrador injusto. Ele permanece preciso, inovador e talentoso. Podem inclusive ser esses mesmos talentos que o senhor inicialmente considerou promissores nele, os quais o levaram a contratá-lo e a lhe conceder uma posição destacada com grande nível de responsabilidade.

Analisemos algumas distinções frequentemente difusas entre as habilidades de uma pessoa e seu caráter, o que pode tornar esta parábola mais clara. A realidade complexa é que a eficiência, embora um traço desejado em termos econômicos, quando se executa um trabalho ou se tenta ter êxito em um negócio, não é necessariamente um bem moral quando se tenta viver uma vida honesta. O outro lado também é verdadeiro: a ineficiência, certamente indesejada em um ambiente de negócio, não é necessariamente uma falha moral. Tudo isso implica que uma pessoa má pode ter sucesso nos negócios, enquanto uma pessoa moral e decente pode fracassar neles – e isso sem qualquer culpa moral.

Vemos isso nas produtivas economias de mercado em que as pessoas podem cooperar e compartilhar seu conhecimento e talentos entre si. Mesmo participantes imorais, vagos ou indecentes podem obter êxito ao produzir grandes níveis de prosperidade.

Ou pode ocorrer o contrário, quando participantes fiéis, queridos, generosos e morais ficam presos a um sistema centralmente planificado – "presos", pois a própria natureza desses sistemas é coerciva – e nunca conseguem atingir a prosperidade devido a um sistema econômico que torna a prosperidade impossível[57]. Tais pessoas não são culpadas do desperdício e da corrupção em que se veem envolvidas.

---

57. Para uma reflexão sobre a forma pela qual economias planificadas frustram a coordenação econômica, veja Hayek, F. A. The Fatal Conceit: The Errors of Socialism. Ed. W.W. Bartley. Chicago: University of Chicago Press, 1988.

Essas sutilezas e as camadas de injustiça e imoralidade dentro desses diferentes sistemas, as quais são frequentemente desconsideradas nos debates e na condenação moral aos mercados, podem ser vistas neste texto.

Muitos que leem a Parábola do Administrador Infiel ficam perplexos quando Jesus elogia o administrador desonesto por agir "sensatamente" – por sua "astúcia" ou "prudência", como dito em algumas traduções. O que Jesus está querendo dizer?

A palavra grega traduzida como astuto ou prudente aqui é *phronimos*, a mesma palavra usada em Mateus 10:16, em que é frequentemente traduzida como "sensato", como em "sensatos com as serpentes e inofensivos como as pombas". É claro, a imagem de uma serpente na Bíblia é normalmente vista como negativa (veja Gênesis 3:1; Êxodo 7:8; Números 21:4-9; 2 Reis 18:4; Marcos 6:18; Atos 28:3-6, e Revelações 20:2), então, nem em Lucas nem em Mateus vemos algum tipo de homenagem às outras qualidades do Diabo, como Pablo Gadenz destaca[58].

Em vez disso, os autores dos Evangelhos veem a possibilidade de que alguém pode ser tanto desonesto como astuto ou prudente, até mais astuto ou prudente – "sensato" – que os próprios discípulos de Jesus, para quem o Senhor está dirigindo a lição. O elogio do senhor ao administrador infiel por sua prudência ou astúcia – por agir "sensatamente" – não é um endosso de sua desonestidade, mas um foco no talento que ele possui, que, se fosse empregado para um bom fim, seria elogiado.

Alguns comentaristas tentam reduzir essa tensão ao absolver o administrador (quem, eles alegam, foi falsamente acusado de corrupção) ou ao justificar a expropriação da propriedade do senhor, por ele ser simplesmente muito rico.

Tais tentativas apenas servem para diminuir a profundidade do desafio que Jesus está propondo. Primeiro, aqui está um personagem desinteressante e centrado que nunca professa sua inocência, mas aprofunda sua culpa enquanto expropria a propriedade do senhor uma última vez, de modo a garantir a sua aposentadoria ao reduzir as dívidas evidentemente grandes devidas ao seu senhor. Ele, então, engana o senhor para benefício próprio e envolve outros

---

58. Gadenz, Pablo. *Catholic Commentary on Sacred Scripture: The Gospel of Luke*. Grand Rapids, Michigan: Baker Academic, 2018. p. 282.

no esquema. O argumento dessa parábola é de que o administrador é desonesto. E é dentro da estrutura dessa própria desonestidade que ele está planejando o seu futuro.

A questão para o discípulo que está fora dessa estrutura é: sou tão criativo e inovador como o administrador injusto, mas para o bem? A prudência é o uso da razão para gerir questões. É um bem em si, mas uma avaliação moral do que é alcançado por sua aplicação depende do fim, finalidade, objetivo ou *telos* da ação[59]. Jesus busca transmitir a seus discípulos a importância da diligência, praticidade e talento através do exemplo dissonante de um servo astuto, porém desonesto, que, a partir de dentro de seu próprio caráter (injusto) tenta garantir que pode desfrutar a hospitalidade dos devedores de seu senhor. Portanto, Jesus pede a seus discípulos para tirar uma lição disso, sobre como eles podem acumular um "tesouro inesgotável nos céus" (Lucas 12:33).

Os pecados dos administradores, gestores corporativos e funcionários públicos injustos são apenas exemplos de um problema mais amplo. Todos enfrentam a tentação de evitar a responsabilidade, a prestação de contas e o julgamento. Não tendo inventado ou criado nós mesmos, concluímos que somos apenas administradores do que possuímos e mesmo de quem somos, inclusive não só o mundo, mas nossos próprios corpos. Devemos cuidar e valorizar todas as coisas confiadas ao nosso cuidado proeminentemente pelo benefício do bem supremo: nossas almas. Prudência, honestidade e fidelidade são os valores requeridos nesta vida. Precisamos exercer essas virtudes habitualmente, mesmo quando pensamos que ninguém está olhando e quando ninguém descobrirá como estamos nos comportando. Esta é a definição do que significa ser um bom administrador.

---

59. Aquinas, Thomas. *Summa Theologica*, II–II q. 47 a. 2 ad. 1.

CAPÍTULO 11

# O BOM SAMARITANO

~~~

Um certo homem descia de Jerusalém para Jericó, e caiu entre ladrões, os quais o despojaram e o feriram, e partiram, deixando-o quase morto. E, por acaso, descia pelo mesmo caminho um certo sacerdote; e quando ele o viu, passou pelo outro lado. E assim também um levita, quando chegou ao lugar e o viu, passou pelo outro lado. Mas um certo samaritano, estando de viagem, veio até ele; e, vendo-o, teve compaixão. E, aproximando-se dele, atou-lhe as feridas, derramando nelas azeite e vinho, e, pondo-o sobre seu próprio animal, levou-o para uma hospedaria e cuidou dele. E, no dia seguinte, partindo, ele tirou dois denários, e deu-os ao hospedeiro, e disse-lhe: Cuida dele, e tudo o que de mais gastares, na minha volta eu te pagarei. Ora, qual destes três te parece que se tornou o próximo daquele que caiu entre os ladrões? E ele disse: O que mostrou misericórdia para com ele. Então, disse Jesus: Vai, e faze tu do mesmo modo. (Lucas 10:30-37)

Chegamos ao que é indubitavelmente uma das parábolas mais famosas – e estranhamente claras – de Jesus: a do Bom Samaritano. Praticamente não há uma alma na Cristandade, ou mesmo fora dela, que não conheça essa história. O significado simples da parábola é uma lição dramática sobre solidariedade: somos todos irmãos que compartilham um Criador e valoram o reconhecimento de nossa dignidade intrínseca, mas também somos vulneráveis e, portanto, em algum momento, precisaremos da caridade dos outros;

assim, somos recíproca e moralmente obrigados a conceder caridade aos outros. Pode parecer tentador supor que não é preciso avaliar o contexto ou se debruçar muito tempo sobre a narrativa em si. Já que a mensagem da parábola é tão clara, uma exegese diligente pode parecer desnecessária. Mas, além do claro modelo de conduta que encontramos na Parábola do Bom Samaritano, esta cativante história de fato oferece ao estudante atento uma grande recompensa.

Em uma época em que as pessoas eram frequente e radicalmente separadas por tribo, classe, religião, família e *status* social, Jesus insistia que devíamos ir além de tais limites e amar o próximo como amamos a nós mesmos. O próprio fato de essa lição parecer intuitivamente correta evidencia o impacto permanente do ensinamento de Jesus.

Quando lhe perguntaram "Quem é o meu próximo?", Jesus respondeu que qualquer pessoa poderia ser.

Há uma correlação sutil, ainda que crucial, com a questão que é feita a Jesus (deixando de lado a sinceridade do interlocutor). Ele está questionando com quem temos uma obrigação moral: "Quem é o meu próximo?". Mas tal pergunta também sutilmente pressupõe outra: Quem não é meu próximo? Ou seja, para quem não devo nada?

Os limites de nossos recursos, tempo e energia são contingências que nos são impostas pela finitude de nossa existência. Os limites de nosso amor e compaixão não o são; uma lição dessa parábola é que nossa compaixão deve ser infinita.

Eu imagino que esta história, encontrada apenas no Evangelho de Lucas, inspire qualquer pessoa que a lê a pensar que, nas mesmas circunstâncias, devemos agir como o samaritano. Certamente a audiência original dessa parábola ficou impressionada pela compaixão do samaritano e percebeu que ele tinha feito a coisa certa.

Nem a religião, nem a classe, nem a nacionalidade foi o fator determinante que motivou as ações dele, mas uma simples preocupação por outro ser humano em necessidade, criado à imagem e semelhança de um mesmo Pai. Estudiosos nos dizem que o homem que foi agredido certamente teria sido um judeu. Conforme relata Josefo[60], os judeus tinham uma relação tensa com os

---

60. Josephus, Flavius. *The Antiquities of the Jews*. Trad. William Whiston. Blacksburg, Virginia: Unabridged Books, 2011. Caps. 12–20.

samaritanos, mesmo que às vezes se envolvessem em relações comerciais com eles. O que torna a separação cultural ainda mais intrigante é que samaritanos e judeus eram geneticamente próximos, mas teológica e liturgicamente distantes. Ainda assim, o samaritano trata o judeu não apenas com habitual civilidade, mas com extraordinária caridade. Ele está disposto a ir além dos limites e expectativas culturais existentes na época.

Este longo trecho de estrada de Jerusalém a Jericó tem uma queda de 1.066 metros. Era tão perigoso que não seria normalmente feito exceto por necessidade de negócio ou outra razão importante. Há um indicativo de que o samaritano conhecia a região, dada a sua familiaridade com o proprietário da hospedagem local; parecia um trajeto comum para ele. O samaritano é descrito como um possuidor de recursos financeiros suficientes para cobrir os custos de reabilitação da vítima. Novamente, como na Parábola dos Talentos, o uso de uma unidade monetária particular sugere que o nível de investimento moral é notável. Considere a magnitude dessa caridade: dois denários (ou o salário de dois dias), além da garantia de compensação posterior, se necessário. Estudiosos estimam que isso teria pagado por todos esses custos por uma ou duas semanas[61].

Não importa se compreendemos o samaritano apenas como um instrumento parabólico para esclarecer o significado da história ou como uma pessoa real, ele permanece no centro moral do drama mais provavelmente como um homem de negócios – duas características inesperadas para um herói[62]. Isso ajuda a esclarecer o contexto da história.

Hoje as pessoas tendem a pensar no samaritano como um arquétipo do assistente social moderno ou a personificação de uma agência de previdência social (mais sobre isso em breve). Mas, da forma como a parábola é construída, faz muito mais sentido vê-lo como um empresário, explorando, assim, o tema do comércio. A fonte da riqueza que permite ao samaritano fazer caridade era o seu próprio negócio, e é esse *ethos* do empreendedorismo que serve como base

---

61. Snodgrass, Klyne. *Stories with Intent: A Comprehensive Guide to the Parables of Jesus*. Grand Rapids, Michigan: William B. Eerdmans, 2008. p. 347. Hultgren, Arland J. *The Parables of Jesus: A Commentary*. Grand Rapids: William B. Eerdmans Pub. Co., 2000, p. 99.
62. Pope Benedict XVI. *Jesus of Nazareth: From the Baptism in the Jordan to the Transfiguration*. Trad. Adrian J. Walker. New York: Doubleday, 2007), p. 196.

e capacidade para seus impulsos caridosos. Então, não importa se ele é uma figura histórica ou literária, o samaritano ancora o senso moral e a essência da caridade da história.

Esse é um ponto especialmente relevante sempre que somos tentados, de alguma forma, a justapor comércio e caridade. Essa história nos oferece uma forma de abordar a parábola de um modo que unifica ambos os mundos e mostra como eles se reforçam e podem andar de mãos dadas. Afinal, um meio normativo que temos para conhecer os outros e vir a apreciar seus méritos e humanidade são as relações comerciais de benefício mútuo. O comércio, uma das formas mais comuns de envolvimento social, acostuma-nos a tratar os outros como preciosos, e podem nos tornar mais receptivos e solidários ao sofrimento dos outros.

Uma questão que podemos nos fazer é: nós agimos da mesma forma que o samaritano? Tratamos as pessoas como queremos ser tratados? Estamos preparados para priorizar ou apenas ser interrompidos pelas necessidades dos outros? No transcurso normal do dia, é útil e enriquecedor pensar em nossos colegas de trabalho, chefes e empregados, bem como aqueles em nossas comunidades de todas as classes e contextos, como pessoas que poderiam estar em necessidade ou serem chamadas a ajudar os outros. Podemos nos preparar para uma tragédia inesperada, tal como aquela que recaiu sobre a vítima da história, ao estabelecer relações harmoniosas com os outros. Isso poderia até ser considerado uma forma de garantia social.

Isso ressoa particularmente no ambiente profissional. Todos nós já tivemos colegas de trabalho que ficaram doentes ou enfrentaram algum problema pessoal inesperado. Podem até terem pedido que cobríssemos a sua ausência ou fizéssemos sacrifícios em seu nome, mesmo sem sermos compensados por isso. Na verdade, essa não é uma experiência incomum. Essa é uma oportunidade para enfrentarmos esses desafios, não apenas porque a moralidade nos exige isso, mas devido a algo que sabemos intimamente: cada um de nós tem necessidades, e estar disposto a reconhecer isso nos outros é o que chamamos de solidariedade. Simplesmente nunca sabemos quando os outros serão chamados a fazer o mesmo em nosso nome.

Essa história também poderia ser aplicada àqueles que tendem a ter relações conflituosas com pessoas que estão acima ou abaixo na cadeia de gestão de uma empresa particular. Quando desprezamos os outros ou ressentimos a autoridade de nossos superiores, ficamos menos dispostos a cooperar com eles, seja para ajudá-los ou para pedir a sua ajuda. Atitudes negligentes ou ressentidas corroem o espírito de solidariedade. Gestores precisam perguntar a si mesmos se cultivam boas relações com empregados que, por sua vez, podem ajudá-los caso for necessário. Colegas de trabalho deveriam construir um senso de boa vontade entre si, inclusive com seus chefes. A reciprocidade alimenta a solidariedade e o apoio mútuo.

A Parábola do Bom Samaritano nos lembra que a má sorte é uma possibilidade sempre presente, ainda que imprevisível. Forças externas podem fazer pouco para ajudar nesses momentos – apesar de vivermos em um mundo dominado pela ideia do Estado de assistência social ou Estado de bem-estar social e dentro de uma cultura política que pensar ser capaz de eliminar a pobreza, a doença, a enfermidade e as despesas médicas. O Estado moderno tem suplantado o Bom Samaritano e, com isso, o conhecimento final que advêm do contato pessoal com os vulneráveis simplesmente desaparece. A maioria das pessoas passou a acreditar que cumpre suas obrigações morais com o seu próximo simplesmente pagando tributos, votando por programas de assistência social ou defendendo políticas para construir um aparato político robusto. Uma organização que opera sob o nome de Bread for the World, apesar de seu nome, não produz pão para os pobres. Não passa de um grupo político de *lobby*. Em que medida essa terceirização da caridade corrompe o senso cultural de responsabilidade e solidariedade? Não importa quais argumentos possam existir para esses sistemas burocráticos e políticos de assistência social, é surpreendente ver essa parábola empregada para argumentar em prol do Estado de bem-estar, sob a premissa de que isso segue – ou mesmo cumpre – o ensinamento de Jesus.

O papa Francisco reflete sobre essa parábola em sua Encíclica Social *Fratelli Tutti*. E, mesmo que ele se sinta mais confortável que eu com mais apoio político para assistir os pobres, Francisco não obstante aponta para a necessidade de um nível de apoio mais íntimo e pessoal em face da vulnerabilidade humana.

Ele observa que o samaritano ofereceu à vítima mais do que suporte material: "Ele também deu a ele algo a que, em nosso mundo frenético, nós nos apegamos firmemente: ele deu a ele seu tempo. Certamente ele tinha seus próprios planos para aquele dia, suas próprias necessidades, compromissos e vontades. Ainda assim ele foi capaz de colocar tudo isso de lado quando confrontado com alguém em dificuldades. Sem ao menos conhecer o homem lesado, ele o viu como merecedor de seu tempo e atenção."

Como diz o papa, podemos "direcionar a sociedade para a busca do bem comum" apenas pela disposição interior que ele tão lindamente descreve; não por meras abstrações iniciadas ou dominadas pela ordem política, mas pela criação de uma ordem política e social da disposição moral do samaritano. Este é precisamente o argumento do papa:

> A parábola claramente não se dedica à falsa moralização, nem é a sua mensagem meramente social ou ética. Ela nos comunica um aspecto essencial e frequentemente esquecido de nossa humanidade comum: fomos criados para uma satisfação que só pode ser encontrada no amor[63].

Dizer que as pessoas são moralmente obrigadas a ajudar os necessitados não é o mesmo que dizer que a ação governamental e a política pública deveriam ser a forma primeira e regulamentar para assisti-los. Votar ou fazer *lobby* por medidas políticas e benefícios governamentais é a essência de um samaritano? Pagamentos assistencialistas do governo criam relações de dependência que justificam gastos cada vez maiores, grandes desperdícios, além da dor e sofrimento que vêm com a tributação e o controle necessários para que essas coisas sejam postas em prática. O Estado de bem-estar, por sua própria natureza, está ligado a esquemas de compra de votos e fraude. Programas assistencialistas alimentam a desonestidade dos políticos que os transformam em leis, dos funcionários públicos que os implementam e dos que se beneficiam deles. Além disso, todas as burocracias impessoais distantes simplesmente não sabem quais são as reais necessidades humanas nas comunidades locais, nos corações humanos e nas moradias. Esse problema torna-se exponencialmente pior conforme o tamanho e a atividade da esfera política crescem.

O hoje papa emérito Bento XVI escreveu em sua primeira Encíclica, *Deus Caritas est*,

---

63. Papa Francisco. Fratelli tutti (3 de outubro de 2020). Vaticano. Disponível em: https://www.vatican.va/content/francesco/pt/encyclicals/documents/papa-francesco_20201003_enciclica-fratelli-tutti.html

Não precisamos de um Estado que regule e domine tudo, mas de um Estado que generosamente reconheça e apoie, segundo o princípio de subsidiariedade, as iniciativas que nascem das diversas forças sociais e conjugam espontaneidade e proximidade aos homens carecidos de ajuda[64].

A abertura de nossa parábola – "Um certo homem descia de Jerusalém para Jericó, e caiu entre ladrões, os quais o despojaram, e o feriram, e partiram, deixando-o quase morto" – descreve os criminosos de uma forma bem precisa. Eles frequentemente negligenciam as propriedades e liberdades dos outros. É um perigoso salto de fé e lógica sugerir que o papel do samaritano fosse absorvido pelo Estado. Transferir essa obrigação para um aparato coercivo parece nos livrar de certas responsabilidades, ou mesmo de garantir que sejam atendidas; no entanto, introduz muitos e graves riscos morais.

Claramente, o samaritano não era um agente do Estado. Era um indivíduo privado com uma sensibilidade moral. Esse é o modelo que Jesus prega aos seus discípulos. O samaritano ajudou por sua própria vontade, o que é a base da virtude. Ele não agiu como um servidor público que é compensado por seu serviço, mas, em vez disso, usou o seu próprio dinheiro. Esse foi um sacrifício pessoal de seus próprios tempo e recursos. Suas ações não foram apenas boas para a pobre alma sofredora na estrada; também foram boas para ele. A ênfase consistente da parábola está no envolvimento pessoal do samaritano com a vítima do roubo, sua proximidade com o homem, seu cuidado pessoal com os ferimentos de seu corpo, e o uso de seus próprios meios de transporte – tudo em total contradição com qualquer interpretação politizada da parábola. Afinal, o principal aspecto da parábola não são as necessidades da vítima.

Neste relato, o aspecto principal é a ação compassiva do samaritano, que se torna o "próximo" da vítima. Ele assiste o homem com suas próprias roupas (certamente não levava consigo curativos em sua viagem de negócios) e suas próprias provisões (o óleo e o vinagre), transportando-o "sobre o seu próprio cavalo". Ele não apenas paga o dono da taverna (que ele indubitavelmente conhecia de viagens anteriores) pelo cuidado e necessidades do homem,

---

64. Benedict XVI. *Deus caritas est*. Vaticano. 2005. Disponível em: http://www.vatican.va/content/benedict-xvi/en/encyclicals/documents/hf_ben-xvi_enc_20051225_deus-caritas-est.html. Seção 28.

mas se compromete a pagar por qualquer serviço que excedesse o depósito que havia feito. Não, isso não é ativismo político; isso é amor.

O argumento em prol da inadequação da caridade privada é que essa gera dependência, além de ser degradante para aqueles que a recebem. O argumento é que uma solução política – uma combinação de generosos auxílios governamentais, mudança estrutural da economia e redistribuição da riqueza – é a forma regulamentar de garantir a assistência social. Não obstante, essa abordagem tem seus próprios problemas. O primeiro deles é que ela minimiza o poder social de um modelo moral. Abstrações não são compaixão, e raramente inspiram compromissos apaixonados. Em algum nível, a ação estatal é sempre força. Ela pode ser necessária em tempos de grave convulsão social, como uma medida temporária. Mas, mesmo em tais casos, intervenções radicais podem gerar problemas maiores do que aqueles que se destinam a resolver. Qualquer ação governamental deve ser implementada no nível mais próximo do problema[65]. Na medida em que a intervenção centralizada usurpa

---

65. Papa João Paulo II, *Centesimus annus* (1º de maio de 1991). Disponível em: https://www.vatican.va/content/john-paul-ii/pt/encyclicals/documents/hf_jp-ii_enc_01051991_centesimus-annus.html. Seção 48.

> Assistiu-se, nos últimos anos, a um vasto alargamento dessa esfera de intervenção, o que levou a constituir, de algum modo, um novo tipo de estado, o "Estado de bem-estar". Esta alteração deu-se em alguns países, para responder de modo mais adequado a muitas necessidades e carências, dando remédio a formas de pobreza e privação indignas da pessoa humana. Não faltaram, porém, excessos e abusos que provocaram, especialmente nos anos mais recentes, fortes críticas ao Estado de bem-estar, qualificado como "Estado assistencialista". Suas anomalias e defeitos derivam de uma inadequada compreensão das suas próprias tarefas. Também neste âmbito, se deve respeitar *o princípio de subsidiariedade:* uma sociedade de ordem superior não deve interferir na vida interna de uma sociedade de ordem inferior, privando-a das suas competências, mas deve antes apoiá-la em caso de necessidade e ajudá-la a coordenar a sua ação com a das outras componentes sociais, tendo em vista o bem comum. Ao intervir diretamente, irresponsabilizando a sociedade, o Estado assistencialista provoca a perda de energias humanas e o aumento exagerado do setor estatal, dominando mais por lógicas burocráticas do que pela preocupação de servir os usuários com um crescimento enorme das despesas. De fato, parece conhecer melhor a necessidade e ser mais capaz de satisfazê-la quem a ela está mais próximo e vai ao encontro do necessitado. Acrescente-se que, frequentemente, um certo tipo de necessidade requer uma resposta que não seja apenas material, mas que saiba abarcar a exigência humana mais profunda. Pense na

ou substitui o papel das instituições mediadoras em nível local, ela desestimula e nega às pessoas a chance de exercerem a caridade. Além disso, enquanto a caridade é algo a ser recebido com gratidão e frequentemente implica preocupação pessoal e ajuda para melhorar a vida da pessoa necessitada, o assistencialismo estatal cria um direito esperado e, mesmo se não intencionalmente, gera uma relação de dependência. Além disso, substituir o assistencialismo pela caridade corrompe uma cultura de solidariedade e preocupação recíproca.

"E tudo o que de mais gastares", disse o samaritano, "na minha volta eu te pagarei". Esse é um exemplo de generosidade autêntica. Isso é caridade. É exercida por alguém agindo por conta própria de acordo com a sua formação moral e a necessidade da outra pessoa. Esse é um exemplo de admirável sensibilidade moral, de compaixão autêntica de um ser humano por outro. Não existe e nem pode existir nenhum substituto para isso. Essa é apenas uma das muitas lições maravilhosas dessa bela parábola.

Ao escrever sobre essa parábola, o papa Bento XVI oferece um *insight* sobre a natureza verdadeiramente radical da bondade humana: "Temos, claro, assistência material para oferecer e precisamos analisar nosso próprio modo de vida. Mas sempre damos muito pouco quando damos apenas coisas materiais [...] o sacerdote e o levita podem ter ignorado [isso] mais por medo que por indiferença. O risco da bondade é algo que precisamos reaprender a partir de dentro, mas só podemos fazê-lo se nós mesmos formos 'próximos' a partir de dentro, e se, então, prestarmos atenção ao tipo de serviço que nos é solicitado..."[66].

---

condição dos refugiados, emigrantes, anciãos ou doentes e em todas as diversas formas que exigem assistência, como no caso dos dependentes químicos: todas estas são pessoas que podem ser ajudadas eficazmente apenas por quem lhes ofereça, além dos cuidados necessários, um apoio sinceramente fraterno.

66. Benedict XVI, *Jesus of Nazareth*. p. 199.

# CAPÍTULO 12
# O HOMEM RICO E LÁZARO

∽∞∾

Havia um certo homem rico, que se vestia de púrpura e de linho finíssimo, alegrando-se diariamente no seu luxo; e havia um certo mendigo, chamado Lázaro, que foi colocado em seu portão, cheio de feridas, e desejava ser alimentado com as migalhas que caíam da mesa do rico; além disso cães vinham lamber-lhe as feridas. E aconteceu que o mendigo morreu e foi levado pelos anjos para o seio de Abraão; e o homem rico também morreu e foi sepultado. E, no inferno, ele ergueu os olhos, estando em tormentos, e viu ao longe Abraão e Lázaro no seu seio. E, ele gritando, disse: Pai Abraão, tem misericórdia de mim, e envia a Lázaro para que ele possa molhar a ponta de seu dedo na água e refrescar a minha língua, porque eu estou atormentado nesta chama. Mas Abraão disse: Filho, lembra-te de que em tua vida recebeste os teus bens, e Lázaro de igual modo as coisas ruins, mas agora ele é confortado e tu atormentado. E, além destas coisas, está posto um grande abismo entre nós e vós; de modo que os que quisessem passar daqui para vós não poderiam, nem tampouco os de lá, passar para cá. Então, ele disse: Eu suplico, pois, ó pai, que tu o envies à casa de meu pai; porque eu tenho cinco irmãos, para que lhes dê testemunho, para que eles não venham também para este lugar de tormento. Disse-lhe Abraão: Eles têm Moisés e os profetas, que os ouçam. E ele disse: Não, pai Abraão; mas, se algum dos mortos fosse até eles, eles se arrependeriam. E ele disse-lhe: Se eles não ouvem a Moisés e aos profetas, também não serão convencidos, mesmo se alguém ressuscitar dos mortos. (Lucas 16:19-31)

O tema desta parábola é a natureza fugaz dos bens terrenos e a ocorrência da má sorte. Um homem rico é retratado como se tivesse tido recursos na Terra que não soube empregar. Em vez de demonstrar gratidão e generosidade por suas bênçãos, ele não demonstrou pena pelo pobre e enfermo Lázaro. O verdadeiro erro do homem rico não é ter diretamente prejudicado Lázaro, mas nunca tê-lo ajudado. De fato, ele nunca pareceu nem notar a existência dele. A ocorrência da má sorte vem na vida após a morte, na qual o homem rico sofre tormentos no inferno. Lázaro, que vivencia a ocorrência de má sorte de outra forma, é levado para a outra vida pelos anjos e colocado no seio de Abraão. A cena e a história não são nada menos que aterrorizantes, ainda mais quando o homem rico no inferno clama por uma gota de água de Lázaro.

Para aprofundar nossa apreciação pela forma como a parábola aborda a questão da riqueza e pobreza, precisamos analisá-la dentro do contexto do que a precede no capítulo 16 do Evangelho de Lucas, particularmente dos versos 9 a 13. Neles ouvimos Jesus explicando a Parábola do Administrador Infiel, discutida previamente no capítulo 10, em que ele conecta a riqueza com a responsabilidade, a honestidade e a prudência que devem acompanhá-la. Somente quando passamos a ver a riqueza como oportunidade é que podemos realmente apreciar que nem as posses, nem a ausência delas, conferem *status* moral – mas, sim, que é o uso que uma pessoa faz delas que revela o seu real caráter.

Uma analogia pode nos ajudar a ver isso de forma mais clara: pode-se dizer que uma mulher bonita tem o potencial para maior imoralidade sexual porque um número maior de oportunidades de libertinagem surge para ela se comparada com outras mulheres. Logo, todas as mulheres bonitas são intrinsicamente imorais? Obviamente não. E nem todas as pessoas ricas.

O juízo que Deus faz de nossas vidas é mais rigoroso que qualquer juízo humano poderia ser. Perante Deus, todo fato, todo detalhe, todo motivo ou intenção é totalmente conhecido e profundamente entendido. Para quase todos na terra, ao longo de toda a história documentada, dinheiro significou poder. É um caminho para fama, amigos, indulgência e permissividade. Gera oportunidades para ganância e abuso de poder. Essa tem sido a regra em todo sistema político já criado. Os ricos são frequentemente invejados e, às vezes, aniquilados. Ainda assim, é raro encontrar uma sociedade em que os ricos felizmente trocariam de lugar com os pobres. Não obstante, isso é exatamente o que é retratado aqui, na única parábola que se passa na vida após a morte. Na Parábola do Homem Rico e Lázaro, somos lembrados sobre como os papéis podem se inverter, e como nosso destino final depende de nossas escolhas.

Os contrastes entre esses dois homens nesta vida não poderiam ser mais gritantes. Eles diferem em praticamente tudo: habitação, vestuário, nutrição e vulnerabilidade geral.

O homem rico vive no luxo, come bem, e vive atrás de muros. Embora boa parte da classe média viva assim hoje, esse era um luxo raro no mundo antigo, em que a maioria das pessoas lutava diariamente para sobreviver. Na era pré-industrial, esforço, insegurança e sofrimento eram a norma para praticamente todos. O contraste poderia induzir os poucos muito ricos a acreditarem que tinham razão para orgulho e serem exaltados acima dos outros.

Ao ler sobre qualquer pessoa rica na Bíblia, é útil lembrar que, apesar de o comércio ser onipresente na época, o rico do mundo antigo não enriquecia através disso. Antes do estabelecimento das grandes rotas comerciais no Renascimento, as pessoas normalmente enriqueciam como resultado de conexões com o regime, fossem como membros de uma classe favorecida que detinha o poder, fossem como empregados do regime, monopolistas ou herdeiros de ancestrais que faziam parte de alguma dessas categorias. Mas não importa como o homem rico adquiriu sua riqueza, o fato de ele ser rico é praticamente a única coisa que sabemos sobre ele, assim como a pobreza de Lázaro é praticamente tudo o que sabemos dele. Isso nos força a focar na relação entre os *status* dos dois homens na vida e suas recompensas eternas. O homem rico foi amaldiçoado por sua riqueza ou por algum pecado que a sua riqueza o levou a cometer? E, de forma geral, quais são as tentações, além das vantagens e ou desvantagens morais da riqueza e da pobreza?

Sabemos que o homem rico se vestia de púrpura e de linho, indicativos de grande riqueza, influência ou realeza, haja vista o custo e dificuldade de se produzir a tonalidade necessária para a cor púrpura, o que sugeria que ele tinha poder sobre os homens. Talvez até que ocupasse algum cargo político. O texto não traz nenhuma informação concreta.

Lázaro estava no polo oposto. Ele era pobre e doente. Cães lambiam as suas feridas – seja de forma amigável, seja em busca de alimento. A imagem é de uma condição degradante[67]. Estava faminto e dormia fora dos portões. Os próprios portões são um símbolo de total e profunda separação e exclusão de Lázaro da vida segura, confortável e aconchegante – bem como uma antecipação da terrível inversão posterior na história. Nada sabemos sobre o enterro de Lázaro; ficamos pensando se houve alguém disposto a pagar os custos de seu sepultamento.

assim, ambos morrem. Enquanto o pobre Lázaro outrora pedia esmolas ao homem rico, agora é o homem rico que pede esmolas a Lázaro, e o rico não pede um prato de comida, mas apenas uma gota de água.

A história é bem sutil; transmite uma mensagem quase subliminar sobre a culpabilidade do homem rico pela condição de Lázaro. Tal sutileza pode abrir espaço para a inserção de agendas ideológicas na parábola.

Um exemplo disso é o sacerdote católico Ernesto Cardenal, um destacado defensor da teologia da libertação na Nicarágua nas décadas de 1970 e 1980, e que serviu como Ministro da Cultura do governo sandinista por quase uma década. O sacerdote Cardenal foi fundamental na formação de uma comuna no Rio Nicarágua chamada Solentiname, na qual os pobres eram convidados a comentar sobre as Escrituras. Cardenal insere um pressuposto econômico de soma zero em sua exegese da Parábola do Homem Rico e Lázaro:

> o homem pobre está em situação ruim porque o homem rico está em situação boa, ou o homem rico está em situação boa porque o homem pobre está em situação ruim. Existem pobres porque existem ricos. E as festas dos ricos são à custa dos pobres[68].

Mas essa é uma mentira deslavada. Ela negligencia os indicativos sutis da arrogância do homem rico – o que nada tem a ver com uma leitura econômica marxista do texto.

Note que, embora os nomes dos ricos sejam quase sempre os conhecidos, nesta história é o homem pobre – Lázaro – que é identificado, e o homem

---

67. Scott, Bernard Brandon. *Hear Then the Parable*. Minneapolis, Minnesota: Fortress Press, 1990. p. 151.
68. Cardenal, Ernesto. *The Gospel in Solentiname*. Vol. 3. Maryknoll, New York: Orbis, 1972. p. 252.

rico segue indefinido. Mesmo em meio a grandes tormentos, vemos o homem rico dando a Lázaro tarefas para cumprir (visitar os seus irmãos), enquanto este não pronuncia uma única palavra em toda a história.

As mesas cósmicas foram definitivamente viradas. Enquanto suas posses terrenas eram temporárias, seus destinos agora são eternos. O homem rico está em condição muito pior no inferno do que o homem pobre já esteve em sua existência temporal.

As implicações espirituais são diretas e, até mesmo, chocantes. Existem lições econômicas a serem aprendidas? Essas são mais complicadas do que podem inicialmente parecer. Uma implicação pode ser um alerta para o rico não ser pomposo – um tema encontrado ao longo das Escrituras, em que a arrogância dos ricos e poderosos, em vez de suas meras riquezas, é frequentemente condenada. A posição econômica é distinta da posição moral, como vemos no exemplo de José de Arimateia, cujos recursos, postos a serviço de Cristo, são vistos favoravelmente nos Evangelhos (veja Mateus 27:57, Marcos 15:43-46 e João 19:38).

A natureza fugaz da riqueza é algo que a própria sociedade comercial destaca em sua operação diária. Em um sistema de privilégio feudal ou mercantilista, a riqueza é obtida e preservada por conexões com o poder. Mas aqueles que obtêm riquezas pela troca voluntária e empreendedorismo deveriam saber que a sua riqueza é vulnerável às mesmas forças de mercado que inicialmente a produziram. Não deveriam considerar a si próprios como realeza, como pessoas com poder sobre os outros, porque, na verdade, elas não exercem o poder bruto, o direito de empunhar a espada. A base de seu sucesso econômico é a habilidade de persuadir pessoas a se engajarem no comércio em prol de benefício recíproco. Em uma economia de mercado, enriquece-se servindo, e não dominando os outros.

Aqueles que são bem-sucedidos em uma economia de mercado obtêm sucesso primariamente ao empregar seu juízo empresarial para servir os outros, ao lhes oferecer produtos a preços atrativos. Sua riqueza é tanto o resultado quanto a prova do serviço que prestam aos outros através da troca voluntária. É verdade que isso gera lucro, mas isso não passa de um indicativo de que anteciparam exitosamente as necessidades dos outros. É por essa razão que não há nada imoral nos lucros como tais. Contudo, o sucesso em um mercado pode tentar uma pessoa à autoconfiança, ocultando dela uma realidade superior. Essa é uma enfermidade psicológica e espiritual perigosa que pode não apenas prejudicar a alma, mas também fazer com que a riqueza riquezas evapore tão rapidamente quanto foi criada.

Em um mercado competitivo, não é preciso muito tempo para uma firma perder participação de mercado. Os ricos raramente permanecem assim por mais de uma geração ou duas. Não se pode descansar sobre os louros: não há garantias. As condições que levam ao sucesso podem mudar facilmente. Em uma economia de mercado, a riqueza é dinâmica porque ser "rico" é uma condição reversível, como qualquer análise das diversas listas dos mais ricos demonstram anualmente[69].

Esses são fatos que qualquer empreendedor conhece bem. Quando um empreendedor para de pensar em si próprio como um servo dos outros e, em vez disso, começa a pensar em si mesmo como alguém com direito à sua condição, tal qual o homem rico da parábola, ele põe em risco tudo o que tem. Portanto, essa parábola não só prevê nossos destinos eternos, mas também reflete a realidade no aqui e agora.

De forma simples, esta parábola é um alerta para o rico complacente e míope. Não é apenas um alerta para evitar o apego aos bens terrenos, mas também uma admoestação de que, para sermos eticamente bem-sucedidos, precisamos ser direcionados para o outro, com um olhar para fora, preocupado com aqueles que nos rodeiam. O fato de o homem rico saber o nome de Lázaro e não fazer nada para reduzir o seu sofrimento mostra que lhe faltava a mente de um servo. Serviço, caridade e humildade são as características que marcam o autêntico servo de Deus. Poder-se-ia dizer que o orgulho pelas riquezas vem antes da grande queda – às vezes, inclusive, uma queda no fluxo de caixa.

---

69. Para exemplos de bilionários perdendo grandes quantidades de dinheiro, veja Çam, Deniz. "The Biggest Billionaire Winners and Losers of 2019". *Forbes*. 20 de Dezembro de 2019. Disponível em: https://www.forbes.com/sites/denizcam/2019/12/20/the-biggest-billionaire-winners-and-losers-of-2019/#4dc47bcc3ec2; McDowell, Erin. "These 10 Billionaires Have All Gone Broke or Declared Bankruptcy—Read the Wild Stories of How They Lost Their Fortunes". *Business Insider*. 26 de março de 2020. Disponível em: https://www.businessinsider.com/rich-billionaires-who-declared-bankruptcy-2019-7; Varela, Adrián Francisco e Moynihan, Qayyah. "17 Billionaires Who Lost the Most in the Past Year". *Business Insider*. 23 de janeiro de 2019. Disponível em: https:// www.businessinsider.com/the-17-billionaires-who-made-the-biggest-losses-in-the-past-year-2018-2019-1.

Pense no rico do final da década de 1920 – ou, mais recentemente, do rico das "ponto-com" antes das falências do setor de internet ao final da década de 1990. Mais recentemente, tivemos as grandes companhias financeiras do final da década de 2000, que administravam enormes portifólios de hipotecas securitizadas, baseadas na suposição de que os preços das casas nunca parariam de subir. Tem-se a impressão de que esses investidores acreditavam que nunca poderiam errar. Mas o mercado torna as pessoas humildes, assim como as exalta. Pode reduzir um homem das riquezas às traças em um período surpreendentemente rápido. Preparamo-nos para tal não estocando ou ficando miseráveis, mas ao adotarmos uma atitude de gratidão e respeito fiel pelos outros, e não pensando no sucesso econômico como o *summum bonum* (o bem maior) de nossa existência.

De fato, existe um risco grave e eterno em vestirmos a púrpura e desfrutarmos enquanto os que nos rodeiam sofrem e passam fome. Mesmo se não houver relação de causa e efeito entre os dois, ao nos comportarmos desta forma, estamos aceitando a tentação de esquecermos nossa própria mortalidade e vulnerabilidade. Esse é o homem rico da parábola, e seu destino pode ser um triste lembrete. Não precisa ser o nosso destino. Avaliando o destino final de Lázaro, podemos agir de formas que garantam que o nosso seja o mesmo.

CAPÍTULO 13

# O FILHO PRÓDIGO

~~~

E ele disse: Certo homem tinha dois filhos; e o mais jovem deles disse ao *seu* pai: Pai, dá-me a parte dos bens a que tenho direito. E ele dividiu-lhes os *seus* haveres. E poucos dias depois, o filho mais jovem, ajuntando tudo, partiu para uma terra distante, e ali desperdiçou os seus bens com uma vida desordeira. E, havendo ele gastado tudo, houve naquela terra uma grande fome, e ele começou a passar necessidade. E ele foi e juntou-se a um dos cidadãos daquela terra, e ele o enviou aos seus campos para alimentar os porcos. E ele desejava encher o seu estômago com as cascas que os porcos comiam; e nenhum homem lhe dava nada. E ele caindo em si, disse: Quantos servidores de meu pai têm pão suficiente e de sobra, e eu aqui pereço de fome! Levantar-me-ei, e irei para o meu pai, e lhe direi: Pai, eu pequei contra o céu e perante ti; e não sou mais digno de ser chamado teu filho; faze-me como um dos teus servidores. E ele, levantando-se, foi para seu pai. Mas, ele estando ainda longe do caminho, seu pai o viu, e teve compaixão, e, correndo, lançou-se ao seu pescoço, e o beijou. E o filho lhe disse: Pai, eu pequei contra o céu e à tua vista, e não sou mais digno de ser chamado teu filho. Mas o pai disse aos seus servos: Trazei a melhor veste, e vesti-o, e ponha-lhe um anel em sua mão, e calçados em *seus* pés; e trazei aqui um novilho cevado, e matai-*o*; e comamos e alegremo-nos; porque este meu filho estava morto, e vive novamente; tinha-se perdido, e foi achado. E eles começaram a alegrar--se. Ora, o seu filho mais velho estava no campo; e vindo, ao aproximar-se da casa, ele ouviu a música e as danças. E ele chamou um dos servos, e perguntou o que significavam aquelas coisas. E ele lhe disse: O teu irmão chegou; e teu pai matou o novilho cevado, porque ele o recebeu são e salvo. E ele se irritou e não queria entrar; portanto, saindo o pai, lhe rogava. E, ele respondendo, disse ao *seu* pai: Eis que eu te sirvo há tantos anos, e em nenhum momento eu transgredi um mandamento teu; contudo, tu nunca me deste um cabrito, para que eu pudesse me alegrar com os meus amigos; mas, vindo este teu filho, que desperdiçou os teus bens com as prostitutas, mataste-lhe o novilho cevado. E, ele lhe disse: Filho, tu sempre estás comigo, e tudo o que eu tenho é teu. Mas era necessário fazer festa e regozijarmo-nos; porque este teu irmão estava morto, e vive novamente; tinha-se perdido, e foi achado (Lucas 15:11-32).

Indubitavelmente a mais conhecida, e certamente a mais longa de todas as parábolas de Jesus, a Parábola do Filho Pródigo é a mais retratada em obras artísticas. Ao longo dos séculos, essa história cativou imediatamente as pessoas. O que a torna tão admirável? Podemos facilmente reconhecer nossas próprias experiências no arco dessa história, e nos identificamos com os ilustres personagens, tão magistralmente retratados.

Os dois filhos são diferentes de maneiras distintas, mas surpreendentemente similares em outros aspectos fundamentais. Apesar de o título pelo qual a conhecemos citar o filho pródigo, o mais jovem, o eixo real dessa história é a pessoa do pai. A intersecção entre seus principais temas e pontos de interesse surge da relação dele com seus dois filhos.

Em nosso estudo das parábolas de Jesus, buscamos preencher as lacunas relacionadas às suas ramificações e pressupostos econômicos, em vez de tentar oferecer uma análise abrangente das parábolas em todos os seus surpreendentes e intrigantes detalhes. As implicações teológicas, soteriológicas e até escatológicas não têm sido nosso foco, exceto na medida em que lançam luz sobre o nosso projeto mais restrito da economia.

A economia, que é a esfera da ação humana relacionada ao alívio das necessidades humanas, implica esforços para garantir o futuro do indivíduo, incluindo comércio, produtividade, tomada de risco, contratos, garantias de integridade e direitos de herança. Essa parábola aborda todos esses temas. Outros grandes temas são ganância e cobiça, perdão, liberdade, justiça, equidade, caridade, e como a forma pela qual valoramos os bens materiais afeta nossos relacionamentos, até mesmo os privados.

Mesmo que os "elementos econômicos" da Parábola do Filho Pródigo "possam, talvez, ser vistos como incidentais e dispensáveis para a intenção da parábola", eles certamente não são a principal lição moral ou teológica transmitida: só abrem caminho para um entendimento moral mais profundo da parábola, permitindo-nos entender ou apreciar a história em todas as suas dimensões[70]. Neste sentido, a história do filho pródigo é muito parecida com a história da própria encarnação: a fusão da transcendência divina com a contingência humana. Ou, para resumir em uma palavra, Emanuel (Deus conosco).

Além do contexto econômico, cultural, linguístico e social de qualquer parábola, é preciso ter em mente que ela continua sendo uma história em si, com seus próprios objetivo e propósito (às vezes, sem dúvida, não tão fáceis de discernir). Assim, nossa exploração não pode ficar limitada a um estudo das leis ou costumes de uma época – uma tentação que atrai alguns comentaristas e homilistas. Uma parábola funciona como uma história que ensina sua própria mensagem. Não devemos nos perder no contexto cultural em que ela se desenrola em detrimento de sua própria lição.

A história começa com um jovem que se ilude com a perspectiva de liberdade irrestrita ao obter uma herança que acaba desperdiçando, chegando a um estado desesperador. Temos a impressão de que ele é um membro ingênuo da família que exibe o traço clássico da imaturidade egoísta. Como resultado de sua própria inaptidão e ambição cegas, deve enfrentar a privação e a necessidade. Ele se encontra miserável, mas também profundamente reflexivo e honesto.

É nesta situação que ele fala sobre como ofendeu seu pai ao exigir sua parte da herança cedo e desperdiçá-la. Descreve o que fez como um pecado

---

70. Nolland, John. "The Role of Money and Possessions in the Parable of the Prodigal Son (Lucas 18:11–32)", in Bartholomew, Craig G. Green, Joel B. e Thiselton, Anthony C., *Reading Luke: Interpretation, Reflection, Formation, Scripture and Hermenetuics*. Grand Rapids, Michigan: Zondervan, 2005. pp. 178–209.

contra seu pai e "contra Deus". Esse pecado, que implica obter e desperdiçar recursos materiais que o filho mais jovem obviamente deseja, tem dimensões econômicas e morais. De forma mais contundente, revela um desrespeito com seu pai.

Conforme a história se desenrola, descobrimos que esse jovem tem um irmão mais velho muito diferente dele. Enquanto o filho mais jovem abandona o seu pai, sua família e suas responsabilidades, o seu irmão mais velho permanece lealmente em casa e trabalha todos os dias até tarde para manter e ajudar a gerir a propriedade da família. Não obstante, conforme o drama continua, veremos que a atitude do irmão mais velho para com seu pai – em particular, seu ressentimento – tem algo em comum com a preocupação material de seu irmão mais jovem.

Do ponto de vista econômico – ou, pelo menos, material – o irmão mais jovem é um pródigo imprudente e fracassado. Ele desperdiça sua herança e se reduz à quase inanição. Em contrapartida, o irmão mais velho colabora prudente e industriosamente para o sucesso da propriedade da família. Exibe a disposição de postergar o consumo – o que, como vimos, é condição imprescindível para o sucesso nos negócios. E esse autocontrole é recompensado com o sucesso no plano material. Embora os dois irmãos sejam totalmente opostos com respeito aos aspectos econômicos da vida, de formas distintas e em pontos diferentes da história, falham em algo que é mais importante do que a economia. Ironicamente, ambos – o esbanjador que prodigamente dissipa sua herança e perde tudo, e o homem abnegado, industrioso, responsável e bem-sucedido – cometem o erro de tornar os bens materiais o valor mais importante. O irmão mais jovem os valora pelos prazeres que lhe permitem desfrutar. Já o irmão mais velho, pelo *status* e valor próprio que lhe proporcionam. Mas ambos permitem que o valor dos bens materiais oculte o valor infinitamente maior de suas relações com seu pai e entre si.

Não é difícil imaginar como o irmão mais jovem se sentia. Tinha toda uma vida pela frente e mal podia esperar para deixar sua marca no mundo, mas se encontrava preso à rotina de uma fazenda familiar. Qual criança não quer se sentir livre de vez em quando? A busca pela liberdade está arraigada em nosso DNA. Desejamos experimentar uma vida sem limitações, sem ninguém para inibir nossas paixões, perseguindo nossa felicidade sem barreiras ao nosso entusiasmo. Para muitos, essa é a própria definição de liberdade: ausência de limites.

Não precisamos ir além dos comentários do agora desprestigiado produtor de cinema Harvey Weinstein, que tentou explicar seu hábito sexual de longa data de explorar mulheres. Ele disse que tinha chegado à idade adulta "nas décadas de 1960 e 1970, quando todas as regras sobre comportamento e ambiente de trabalho eram diferentes". O que ele quis dizer é algo que qualquer pessoa que viveu naquela época entenderá. (O resto de vocês pode buscar clipes de Woodstock no Google.) Na época, o *zeitgeist* instava as pessoas a mergulharem em suas paixões, deixando de lado as restrições ultrapassadas da tradição e religião, as quais eram consideradas inibidoras da realização humana. O argumento na época, e ainda muito comum hoje, é que seguir as suas paixões é a única forma de descobrir quem você é.

Sentimos um impulso similar na mente do Filho Pródigo quando ele decide cortar laços com sua família. Mas as ramificações dessa noção de liberdade são tão evidentes como uma ressaca.

Não é divertido jogar bola com alguns amigos? Pode ser divertido por um tempo. Mas não traz o mesmo tipo de empolgação que superar obstáculos e desafios, dominar habilidades, jogar dentro das regras e vencer partidas em um esporte. Tal senso profundo de realização e produção pode ser alcançado apenas dentro dos limites das regras do futebol ou beisebol, por exemplo, quando gols são marcados e obstáculos são superados. A emoção da vitória é possível pelas regras que definem o próprio jogo. Afinal, uma foto não precisa reduzir um belo cenário: pode focar nosso olhar na beleza dele ou destacar um detalhe que, de outra forma, passaria batido. A liberdade não tem sentido a menos que seja direcionada a algum tipo de objetivo ou verdade.

A Parábola do Filho Pródigo começa com uma herança e o papel que ela desempenha na dinâmica familiar. As tensões criadas dentro das relações pessoais – em especial, as relações pessoais íntimas de longo prazo – bem como as considerações financeiras dão profundidade e drama à história e às lições que aprendemos com ela. Os tópicos de posses, dinheiro e herança são o contexto de toda a história – sem eles, ela perderia seu significado.

Klyne Snodgrass, um estudioso renomado das parábolas, observa que os estudiosos estão divididos entre se o tipo de exigência (ou demanda) que o filho mais jovem fez ao seu pai era comum ou não. Receber uma herança cedo não era inédito nessa época, mas pedir para recebê-la antes da morte do pai implicaria insolência – no mínimo, revelaria que o filho estava mais interessado no dinheiro do que em seu pai ou no legado de sua família[71].

Como vimos, a principal preocupação aqui e em outras partes dos Evangelhos não é com o dinheiro como tal, mas com a atitude das pessoas para com ele, e como tal atitude afeta sua relação com outros seres humanos e com Deus.

É o fator humano que deve distinguir a economia, propriamente concebida, de meros cálculos matemáticos, abstrações, considerações de lucro e perda, e uma preocupação com bens materiais. O Filho Pródigo é a terceira de uma série de parábolas nesta seção de Lucas que nos apresenta coisas que são perdidas e logo encontradas. As duas outras tratam de uma ovelha e uma moeda – entidades não dotadas de razão, livre-arbítrio e responsabilidade moral, de modo que existem em um plano totalmente distinto dos dois filhos. A ovelha que se perdeu (Lucas 15:3-7) é vulnerável, mas não podemos julgá-la culpada ou inocente; da mesma forma, a moeda perdida (Lucas 15: 8-10) gera ansiedade na mulher que a perdeu e, quando ela a recupera, faz uma festa. Não obstante, a moeda não se preocupou por estar perdida. A capacidade humana da razão, que permite que as pessoas vivam vidas significativas e produtivas no mundo, também concede uma dimensão moral às nossas ações e nos permite atribuir valor às coisas. São apenas os seres humanos que raciocinam e podem, assim, valorar e fazer escolhas, diferentemente de animais e objetos inanimados. Nessas parábolas, estamos muito cientes de que o foco não está tanto nas ovelhas, mas no pastor; não está na moeda, mas na mulher. Embora nem a moeda nem a ovelha tenham um ponto de vista que valha a pena considerar, o pródigo é um agente moral – assim como são o seu pai e o seu irmão.

As ações, consequências e lições morais reveladas nas decisões de outras pessoas nos envolvem em suas histórias. É especialmente fácil para nós estabelecermos uma conexão com essa história. Nossa consciência de nossa própria capacidade de trair nossos valores mais profundos e nossa esperança de restaurar e perdoar tornam a Parábola do Filho Pródigo cativante. Somos motivados

---

71. Snodgrass, Klyne. *Stories with Intent: A Comprehensive Guide to the Parables of Jesus*. Grand Rapids, Michigan: William B. Eerdmans, 2008. p. 131.

pelas ações de ambos os filhos a avaliar moralmente nossas próprias vidas. O caráter do pai, revelado na forma como se relaciona com seus filhos, eleva nosso olhar, mostrando como abordarmos as circunstâncias econômicas de nossas vidas de uma forma que transcende a mera materialidade de nossa existência. É a família e suas relações que ele defende como seus valores mais elevados. Essa parábola – especialmente a reação do irmão mais velho à novidade do retorno de seu irmão mais jovem – levanta a questão de justiça.

Suspeitamos que pode ter havido tensões entre os irmãos antes do incidente. Afinal, a rivalidade de irmãos é muito comum na história humana. Começou com Caim e Abel (Gênesis 4) e faz parte da experiência humana até hoje. Vemos isso nas Escrituras com Isaac e Ismael, em Gênesis 16; Esaú e Jacó, em Gênesis 25, 28, 32 e 33; e José e seus irmãos, em Gênesis 37. Vemos isso no mundo clássico, com Rômulo e Remo e com Cleópatra e Ptolomeu XIII. Vemos isso no mundo moderno, no entretenimento, com Olivia de Havilland e Joan Fontaine; no esporte, com os irmãos e técnicos da NFL Jim e John Harbaugh. Às vezes, quanto mais próximas as pessoas são, mais profundas são as tensões entre elas.

Fortunas inteiras de famílias foram arruinadas por rivalidade, ganância, inveja, ressentimento e percepções de favoritismo (às vezes, reprimidos por muito tempo). A exploração ficcional mais conhecida do fenômeno é *A casa soturna* de Charles Dickens, um romance confuso que conta em detalhes a dissipação da fortuna de uma família. Retrata uma imagem triste da saga de má administração de uma enorme propriedade multigeracional como resultado de ressentimentos, litígio, picuinhas e segredos dos membros da família. É admirável contemplar quantas fortunas familiares foram perdidas pela inabilidade de se conseguir algum tipo de reconciliação.

Não obstante, famílias são ligadas por mais do que os bens materiais que compartilham e disputam entre si. São ligadas também por sangue, cultura e, espera-se, amor – justamente o que o pai da Parábola do Filho Pródigo demonstra para ambos os seus filhos.

Na parábola, os filhos se veem afastados entre si e de seu pai precisamente porque eles – cada qual da sua maneira – priorizam mais coisas materiais que os seus laços familiares. Isso fica mais óbvio na demanda do filho mais jovem por sua herança antes da morte de seu pai. Não obstante, detectamos um descontentamento similar em seu irmão mais velho como resultado de uma atitude muito similar. Embora pareça nunca ter lhe faltado nada, ele se considera subvalorizado; claramente sente que seu irmão mais jovem é mais estimado e mimado do que ele jamais foi, apesar de ter sempre trabalhado duro para o seu pai: "E ele se irritou e não queria entrar; portanto, saindo o pai, lhe rogava. E, ele respondendo, disse ao seu pai: Eis que eu te sirvo há tantos anos, e em nenhum momento eu transgredi um mandamento teu; contudo, tu nunca me deste um cabrito, para que eu pudesse me alegrar com os meus amigos; mas, vindo este teu filho, que desperdiçou os teus bens com as prostitutas, mataste-lhe o novilho cevado" (Lucas 15:28-30). O pai não vê as coisas dessa forma, como fica evidente quando diz ao seu filho mais velho que "tudo o que eu tenho é teu" (Lucas 15:31) e imediatamente muda o foco do material para o pessoal: "porque este teu irmão estava morto, e vive novamente; tinha-se perdido, e foi achado" (Lucas 15:32).

A imprevisibilidade do irmão mais jovem parece ter aflorado o ressentimento do irmão mais velho – embora nem ele, nem seu pai pareçam ter alterado seu estilo de vida como resultado. Algo impede o filho mais velho de fazer uso do que ele tem de forma satisfatória. Esse é outro ponto importante para contemplarmos nessa parábola: o ressentimento nos impede de ser felizes, mesmo quando todas as nossas necessidades materiais são satisfeitas?

O filho mais velho se vê fora da órbita de seu pai porque lá escolheu se colocar. Na verdade, ele ocupa agora o lugar que outrora fora de seu irmão. Se "voltasse a si", superando a humilhação momentânea e a dor de entrar no banquete, e se reconciliasse com seu irmão, teria experimentado a cura como a volta do filho mais jovem foi para o seu pai.

Quão doloroso deve ter sido para esse pai amoroso oferecer uma recepção tão generosa para esse filho que "tinha-se perdido, e foi achado", só para ver o seu filho mais velho não acolher esse gesto e ele próprio se perder, afastar e morrer.

É fácil ver o irmão mais velho como um bebê chorão, imaturo. "Supere", podemos querer dizer a ele. Mas, por um momento, analisemos a situação através dos olhos dele, mesmo se, no final, constatarmos que lhe falta perspectiva.

Aqui está um homem que cresceu em uma época e em uma cultura em que o filho mais velho ocupava uma posição de maior estima. Segundo o Deuteronômio 21:17, o filho mais velho deveria herdar dois terços da propriedade. Isso significava que, não importava a quantidade de herança que o filho mais jovem dissipara, o irmão mais velho ainda poderia esperar dois terços das propriedades. Tampouco ele e seu pai parecem estar brigados, dada a habilidade do pai de organizar uma celebração evidentemente impressionante.

Mesmo sem conhecermos as causas iniciais dessa rivalidade familiar, o abandono do irmão de suas responsabilidades – sem dúvida, adicionando às suas – é, em si, insultante e um pesado fardo. E o erro é apenas maximizado pelo fato de o irmão mais jovem levar consigo parte da propriedade familiar, o que diretamente soma para a decepção. Coisas materiais – e nosso presumido direito a elas – pode nos cegar para coisas mais importantes. Mas, com frequência, ao considerarem questões morais e espirituais, pessoas boas podem negligenciar as formas intricadas e sobrepostas pelas quais posses e coisas materiais conectam-se com questões transcendentes tais como família, escolhas morais e virtude.

Essa parábola oferece lições sobre justiça e a ordem correta das heranças. E, certamente, a justiça é essencial para manter a ordem correta nas relações sociais. A igualdade, ou justiça, exige que tratemos as pessoas como merecem ser tratadas, e essa é uma condição necessária para a coesão social.

Mas a história vai mais longe. O que temos diante de nossos olhos é muito mais do que uma lição sobre justiça ou a ordem correta de uma herança[72]. Ao lermos essa história, aprendemos algo mais sutil do que apenas uma lição sobre justiça, sobre o que as pessoas merecem; aprendemos sobre perdão, o qual supera a justiça. Não obstante, o perdão requer a noção de justiça, porque sem entendê-la, somos incapazes de ver o poder transformador do perdão. É por isso que é tão perigoso separar os dois ou reduzir tudo a um direito, a uma reivindicação de justiça. Fazê-lo destrói o amor e a caridade. As pessoas podem exigir justiça porque é seu direito; mas só podem pedir pelo perdão. Ambos os filhos inicialmente exigem justiça. O irmão mais jovem eventualmente buscará o perdão, e seu pai o perdoará. Será que o irmão mais velho mostrará o mesmo perdão?

---

72. Em essência, esse é o argumento que Nolland apresenta quando observa que a parábola "explora a tensão entre as preocupações de justiça, que são parte da perspectiva clássica da sabedoria e a importância e desejabilidade da reconciliação da família. Nolland, "The Role of Money and Possessions," p. 204

A razão pela qual essa história vai mais fundo que a justiça é que esse pai vai mais fundo em sua relação com seus filhos. A oferta de uma segunda chance para o irmão mais jovem é feita ainda mais convincente pelo fato de que o indulto está sendo oferecido pela parte ofendida, o pai. A aceitação do pai da mudança do filho mais jovem nos cativa. Somos atraídos por sua vontade de se reconciliar com seu filho e o devolver ao *status* anterior, o que é visto em sua corrida para receber o filho mesmo antes de qualquer palavra ser pronunciada (Lucas 15:20).

Como o Professor Snodgrass destaca, o perdão que o pai oferece ao filho em face de seu egocentrismo é predicado mais no caráter e generosidade do pai do que no arrependimento perfeito de seu filho. O filho nunca termina sua confissão[73]. Verdadeiramente, o caráter do patriarca dessa história é tão comovente quanto o papel do próprio filho pródigo. Por um lado, esta é a Parábola do Pai Amável.

Este é o cerne emocional óbvio da história: a ideia de que mesmo depois da exigência insolente do filho mais jovem por sua herança, e o fracasso abjeto a que sua ganância e ambição o levou, o pai (ao contrário de seu filho mais velho) parece não guardar rancor, mas aproveita a iniciativa e corre para abraçar o seu filho com amor, descartando sua posição como a parte agredida. Da mesma forma, ele está disposto a sair do banquete para convencer o seu filho mais velho a participar.

Todos já fomos injustiçados. Dependendo da dinâmica da relação e a profundidade da traição, é provável que consideremos adequado que, antes de reatarmos a relação, que, pelo menos, a situação deva ser esclarecida; as cartas, postas na mesa; a restituição, feita; e uma desculpa, proferida pela parte agressora. Ensinamos as crianças na infância que desculpar e ser desculpado é a coisa certa e adequada a se fazer. Mas, mesmo em face de uma desculpa sincera, muitos consideram constitucionalmente impossível superar a ofensa, especialmente se ela for profunda. Às vezes, é uma questão de seguir em frente e abandonar a dor pouco a pouco. Jesus ordena seus discípulos a perdoarem a todos que pecaram contra eles: "Mas, se não perdoardes aos homens as suas transgressões, também vosso Pai não perdoará as vossas transgressões" (Mateus, 6:15). Certamente, é uma das exigências mais difíceis da Cristianismo.

---

73. Snodgrass, *Stories with Intent*, p. 139.

## O FILHO PRÓDIGO

Mesmo em minha família ítalo-americana solidamente católica, costumávamos brincar sobre o "Alzheimer italiano" – definido como quando nos esquecemos de tudo, menos do rancor.

Essa natureza gentil e generosa do pai, justaposta ao egoísmo de seus filhos, é o fundamento da parábola[74]. A imagem de um pai injustiçado emergindo com alegria ao ver seu filho ofensor, nem mesmo ainda sabendo o propósito da aparição do filho, tem grande efeito em comunicar o amor de Deus para com seus filhos, mesmo quando, ou especialmente quando, eles o traem.

Mesmo em seu pior momento, algo restou no filho pródigo que o tornou capaz de lembrar sua real identidade, voltando a si e decidindo ajeitar as coisas. A lição que podemos tirar dessa história é um modelo de amor e graça, mas não ideais abstraídos das vidas diárias de seres humanos reais. Tudo isso ocorre no contexto de questões mundanas de direitos de propriedade, sentimentos feridos e ressentimentos potenciais. É um mundo muito parecido com aquele em que vivemos. O amor reconciliador do pai pelo seu filho irradia ao longo das contingências do risco, ambição e fracasso.

A Parábola do Filho Pródigo acaba com uma celebração. Celebrações podem ser superficiais, mesmo paupérrimas – por exemplo, o afastamento do filho mais jovem para um país distante, quando ele "desperdiçou os seus bens com uma vida desordeira" (Lucas 15:13). Há partes no Evangelho de Lucas em que "celebrar" – *euphrainein* no grego – tem conotações negativas. Lembre-se, por exemplo, do Rico Tolo, que diz a si mesmo: "Alma, tens em seu depósito muitos bens, para muitos anos; descansa, como, bebe e alegra-te" [*euphrainou*] (Lucas 12:19) e também do Homem Rico, que "se vestia de púrpura e de linho finíssimo, alegrando-se diariamente no seu luxo [*euphrainein*]" enquanto Lázaro está deitado no portão "cheio de feridas" (Lucas 16:19-20). No entanto, na Parábola do Filho Pródigo, a mesma palavra para celebrar é empregada positivamente:

> Mas o pai disse aos seus servos: Trazei a melhor veste, e vesti-lo, e ponde-lhe um anel em sua mão, e calçados em seus pés; e trazei aqui um novilho cevado, e matai-o; e comamos e alegremo-nos; porque este meu filho estava morto, e

---

[74]. Jeremias, Joachim. *The Parables of Jesus Second Revised Edition*. Hoboken, New Jersey: Prentice Hall, 1972. p. 130.

vive novamente; tinha-se perdido, e foi achado. E eles começaram a alegrar-se [*euphrainesthai*]⁷⁵ (Lucas 15:22-24).

É uma nota positiva para terminar uma história que poderia ter tido uma conclusão bem diferente.

---

75. Snodgrass, *Stories with Intent*, p. 124.

POSFÁCIO

# Algumas reflexões mais abrangentes sobre a economia e o Novo Testamento

~~~

As questões econômicas permeiam praticamente toda a vida humana na Terra; devido à nossa existência material, vivemos em um contexto de escassez e limitação. Nossas naturezas e limitações físicas dão origem à necessidade do trabalho. Ao criar o universo, o próprio Deus é visto trabalhando e, então, confia à recém-criada família humana uma vocação similar (veja Gênesis 1:28). Nossa fisicalidade dá origem ao que chamamos hoje de "economia", a busca pelo melhor, mais prudente e eficiente uso desses recursos escassos. O que chamamos de "mercado" não é, então, um lugar, mas um processo de descoberta sobre como usar esses recursos escassos e limitados.

Ainda assim, essa realidade corpórea e esse processo de descobrir como viver melhor em nosso mundo natural – com menos desperdício e maior eficiência – não é a meta real da pessoa humana, nem define a vida humana em sua totalidade. O fato de sermos feitos do "pó da terra" dá origem a essas contingências, mas os seres humanos também receberam o "sopro da vida". Assim, questões relacionadas à economia – pobreza, propriedade, riqueza, dinheiro, lucro, desperdício, herança, contratos, relações laborais etc. – devem ser todas consideradas à luz de suas dimensões materiais e transcendentes. Jesus e os autores do Novo Testamento utilizaram essas dimensões da vida humana nas parábolas tanto para levar em conta a realidade econômica, que é uma parte inescapável de nossa vida neste mundo, como para ressaltar um propósito mais elevado.

O foco primário deste livro está nas parábolas que exemplificam essas conexões, e nem mesmo analisa todas elas. Dependendo da definição precisa do que constitui uma parábola, estima-se que existam entre 100 e 200 no Novo Testamento. Neste volume, escolhi apenas as 13 parábolas mais conhecidas de Jesus. Ao estudarmos como as Escrituras e a economia se interrelacionam, é bom lembrarmos que o estudo sistemático formal ou "científico" do uso dos recursos escassos como disciplina intelectual emergiria gradualmente ao longo do tempo, sendo desconhecido no mundo antigo. Seria estranho falar da "economia" do Novo Testamento como se existissem escolas formais de pensamento econômico naquela época.

O que chamamos hoje de economia simplesmente não era contemplado pelos escritores bíblicos. Quando utilizavam as palavras οἴκος e νέμομαι, os antigos faziam referência apenas à administração do lar. O termo para "economia" que deriva dessas duas palavras gregas foi formulado para conotar o entendimento moderno e mais amplo da economia apenas por teólogos escolásticos e filósofos morais como Juan de Mariana (1536-1624), Francisco de Vitoria (c. 1485-1546), Martín de Azpilcueta Navarrus (c. 1493-1586), Diego de Covarrubias y Leiva (1512-1577), entre muitos outros da escola escolástica tardia, estudantes e replicadores da tradição tomista de pensamento[76].

Os princípios morais expostos nos ensinamentos de Cristo e seus apóstolos formam o sistema de valores que baliza as escolhas econômicas dos fieis, mas não devemos confundir isso com qualquer noção de "economia bíblica" como tal. Mesmo assim, podemos dizer que os valores da Bíblia, a forma cristã de ver o mundo e o lugar da humanidade nele, realmente influenciaram o próprio desenvolvimento da economia como disciplina intelectual.

Neste posfácio, proponho abordar diversas tensões encontradas de forma geral no Novo Testamento, fazendo o mesmo esforço para evitar inserir no texto minha própria série de pressupostos da mesma forma que fiz ao tratar das parábolas nos capítulos deste livro. Ainda faço perguntas com base

---

76. Veja Chafuen, Alejandro. *Faith and Liberty: The Economic Thought of the Late Scholastics*, 2ª ed. Lanham, Maryland: Lexington Books, 2003; Raymond de Roover, *Business, Banking, and Economic Thought in Late Medieval and Early Modern Europe*. Chicago: University of Chicago Press, 1975; Schumpeter, Joseph Schumpeter. *History of Economic Analysis*. Oxford: Oxford University Press, 1996.

no que sei sobre a economia, tentando conectar os princípios estabelecidos do campo da ciência econômica aos temas e fatos descritos nas páginas do Novo Testamento.

Encontramos diversos alertas ao longo do Novo Testamento – tanto da boca de Jesus quanto nos ensinamentos dos apóstolos e evangelistas – relacionados às riquezas e ao desafio que a prosperidade material pode impor à busca do discipulado cristão. A partir de uma perspectiva cristã, a abundância material e a prosperidade podem se tornar um obstáculo para o que deveria ser o objetivo da vida humana: a união com Deus, ou a salvação.

Embora um livro inteiro pudesse ser dedicado a esse tópico (recomendo a leitura de *Em defesa do livre mercado: O argumento moral a favor de uma economia livre*, publicado pela Editora Mackenzie), é valioso explorar os principais textos do Novo Testamento que têm relação com a riqueza, a prosperidade e os negócios a fim de obter um entendimento mais profundo de qual é o desafio cristão para o fiel.

Esses textos são ricos em orientação para um discipulado radical e autêntico. São tão ricos neste sentido que é imperativo permitirmos que o significado do próprio texto dialogue com os nossos corações em seus próprios termos, deixando de lado qualquer propensão de racionalizar seu significado para esvaziá-lo do desafio que nos propõe, sem jamais supor que Jesus estipula a renúncia da propriedade como uma condição do discipulado.

## *Questões morais sobre a propriedade privada e a riqueza*

Algum entendimento sobre "meu" e "seu" está implícito no mandamento "não roubarás". Por que o roubo é um pecado se a propriedade privada é, a princípio, imoral? A realidade da escassez significa que não podemos ser igualmente proprietários de todas as coisas; isso é uma impossibilidade física. Mesmo o conceito de compartilhar (ao contrário de expropriar) implica posse e escolha. Mesmo reconhecendo que Deus é o detentor final de toda propriedade, ainda convivemos com a realidade da necessidade de indivíduos e organizações serem bons administradores. Como vimos, as parábolas pressupõem a existência e a moralidade da propriedade privada, junto com tudo que isso implica sobre escolha, troca e mercados.

E o que dizer da relação entre trabalho e propriedade? Na Bíblia, a primeira imagem que temos da humanidade na Terra é em um jardim. Quando justapomos um jardim a uma floresta, percebemos o papel indispensável do trabalho humano em relação ao mundo natural. O homem é chamado a "cuidar" do jardim, ou seja, a cultivá-lo. Os seres humanos "podam" a natureza, organizam-na, tornam-na mais produtiva e ordenada e, às vezes, ainda mais bonita do que em seu estado natural. Esse envolvimento na ordem natural evidencia a ação empresarial do próprio Deus, de cuja imaginação os seres humanos foram criados. Hoje, até mesmo tocar ou manipular o ambiente natural é condenado por muitos. O Gênesis não nos apresenta uma visão antropológica completa, mas traz elementos-chave da visão bíblica que refletem o valor da produtividade e criatividade humanas.

Alguns têm dificuldade para aplicar esses conceitos ao comércio, à criação de riqueza e a outros elementos da vida econômica. Mas o mesmo se aplica à visão bíblica da sexualidade, que também encontramos no Gênesis: algo que é intrínseco à nossa vocação, e que – se for abordado da forma correta – tanto se manifesta através das pessoas como as aproxima de Deus.

Desde um ponto de vista moral, a riqueza e uma economia produtiva são como a sexualidade humana na medida em que nos impulsionam para o transcendente. Nossas paixões e desejos são parte de nossas próprias naturezas, porque Deus "pôs o mundo em nossos corações" (Eclesiastes 3:11)[77]. Como todos anseiam que Deus nos complete, somos seres com desejos. A antropologia cristã vê a pessoa humana como criada para Deus, e que só nele podemos encontrar a realização e significado final. Santo Agostinho explora isso de forma muito bela no capítulo inicial de *As confissões* quando diz "Tu nos fizeste para Ti, Senhor, e o nosso coração está inquieto enquanto não repousar em Ti"[78].

Quando esse impulso para o transcendente é distorcido ou mau direcionado, este pode nos levar a buscar realização em outras coisas que não Deus, como riqueza ou sexo, ídolos – ou seja, substitutos para nosso bem supremo e autêntico e propósito adequado.

---

77. *Revised Standard Version*. New York: The Division of Christian Education of the National Council of the Churches of Christ in the United States of America, 1971.
78. Augustine of Hippo, *The Confessions*. Trad. F. J. Sheed. Indianapolis, Indiana: Hackett Publishing Co., 2006.

É por essa razão que Jesus alerta que as preocupações, as riquezas e outros prazeres da vida podem ser perigosos. Ele explica na Parábola do Semeador: "E a que caiu entre espinhos, esses são os que ouviram, e indo adiante, são sufocados pelos cuidados e riquezas e deleites desta vida, e não dão fruto com perfeição" (Lucas 8:14). Aquelas preocupações, riquezas e prazeres podem nos fazer justificar a ganância ou as paixões desordenadas. O apóstolo Paulo faz uma distinção entre o dinheiro em si e o que ele chama de "amor ao dinheiro", o qual ele afirma ser "a raiz de todo o mal; e nessa cobiça alguns se desviaram da fé e se traspassaram a si mesmos com muitas dores" (1 Timóteo 10). O amor ao dinheiro pode, na verdade, ser sutil (e, às vezes, nem tão sutil) na base de todas as variantes do mal. E cristãos vivendo em economias prósperas do século XXI podem facilmente se convencer de que tais tentações não se aplicam a eles. A Sagrada Escritura nos alerta sobre os perigos espirituais da riqueza, bem como sobre as tentações do sexo. Ambos podem ser bons, mas apenas quando direcionados para os seus propósitos adequados.

Os alertas bíblicos sobre a riqueza não são alertas contra a propriedade como tal, mas contra a obsessão pelas coisas materiais. Essas são categorias morais distintas. Os vícios fluem de uma relação desorientada com as coisas materiais: amá-las como se fossem pessoas, ou mesmo o próprio Deus; adquiri-las através de meios injustos; cobiçá-las; confiar nelas em vez de em Deus; colocar o dinheiro acima da fé, da moral e das pessoas; tratar o dinheiro como um fim em si mesmo em vez de um meio para um fim mais elevado; adorá-las. Todas essas são relações desordenadas e desproporcionais com nossas posses.

Por outro lado, a propriedade como forma de administração que em si resulta da criatividade é uma outra questão totalmente distinta. O Cristianismo nunca ensinou que a riqueza em si é má, mas sempre alertou contra os vícios da intemperança, complacência, ganância e consumismo. Vemos isso nos sete pecados capitais, que condenam como vícios não o dinheiro, mas a ganância; não o sexo, mas a luxúria; não o sucesso, mas o orgulho; não a admiração, mas a inveja; não a comida, mas a gula; nem mesmo a indignação ou raiva, mas o ódio; e não o prazer, mas a preguiça.

Ao longo da história, grandes e devotos estudiosos e santos refletiram sobre o equilíbrio adequado, as armadilhas, e como viver uma vida virtuosa na relação com a riqueza. O antídoto cristão para os vícios supracitados não é encontrado em um Estado grande e redistributivo que "ajuda" as pessoas a se afastarem do pecado ao expropriar o dinheiro delas, mas no cultivo difícil de uma vida interior de virtudes como o desapego das posses, a simplicidade de vida, a modéstia, a parcimônia e a generosidade em tudo o que fazemos. Não combatemos a ganância e muito menos atingimos a virtude empobrecendo as pessoas ou expropriando sua riqueza, ou supondo que apenas os prósperos podem ser gananciosos. A conquista da virtude não é tão simples como reduzir todo mundo à pobreza – uma coisa que, pensando bem, é relativamente fácil de fazer.

E é muito fácil falar como se a relação do ser humano com a riqueza, o sucesso e o trabalho fosse simples e direta. Embora, por um lado, a busca da riqueza em si possa nos ludibriar e ofuscar nossa sensibilidade moral, por outro, a dedicação ao trabalho pode ser a busca de realização ou excelência em resposta a uma vocação ou mesmo a um chamado sagrado experimentado internamente.

Em Filipenses 4: 11-13, Paulo expressa alguns pensamentos sobre como ele enfrentava essa tensão: "Não digo isto como por necessidade, porque já aprendi, seja qual for o meu estado, a estar contente com isso. Eu sei como estar humilhado e sei também como ter abundância; em todo lugar e em todas as coisas, estou instruído, tanto a ter fartura como a ter fome, tanto a ter abundância como a sofrer necessidade. Eu posso fazer todas as coisas por meio de Cristo, que me fortalece"[79].

Qual é esse "segredo" do qual o apóstolo fala? A Bíblia Sagrada – Edição Pastoral reforça as palavras de Paulo: "Não digo isso por estar passando necessidade, pois aprendi a arranjar-me em qualquer situação. Aprendi a viver na necessidade e aprendi a viver na abundância; estou acostumado a toda e qualquer situação: viver saciado e passar fome, ter abundância e passar necessidade. Tudo posso naquele que me fortalece". O apóstolo revela o segredo quando diz: "Tudo posso naquele que me fortalece"[80].

Esse não é apenas um chamado a "aguentar e perseverar"; na verdade, é um *insight* sobre como viver uma vida satisfatória ao se ter um sistema de valores corretamente ordenado, de modo que não se é distraído por, nem se fica preso ao contexto em que se está. É estar contente (não apenas tolerar)

---

79. Filipenses 4:11–13. *Revised Standard Version Catholic Edition*. San Francisco, California: Ignatius Press, 1994.
80. Filipenses 4:11–13. *The Amplified Bible*. Grand Rapids, Michigan: Zondervan, 2017.

abundância ou pobreza. Considere uma analogia das famílias de pessoas viciadas em álcool ou drogas. Elas frequentemente dirão que o segredo é o "desapego" – isto é, abandonar quem você é e buscar significado fora de si mesmo e seus valores. Desapego não significa negar o seu contexto, condição ou realidade, mas recusar-se a ser definido por isso. Significa cultivar uma consciência serena de suas prioridades e limites, afastando-se de algo destrutivo e jamais persistindo nisso. No contexto de nosso foco na questão da "abundância e desejo", desapego é a habilidade de se viver sem obsessão pelas coisas materiais. Eu gosto da frase "levando as coisas na boa". Certa vez, ouvi um homem muito bem-sucedido expressar muito bem a atitude ideal. Rich DeVos, um homem que passei a chamar de amigo em minha segunda casa – Grand Rapids, Michigan –, certa vez disse que devemos "manter nossas posses com mão aberta, e não punho fechado". Essa imagem transmitida pelo bilionário parece-me exatamente o equilíbrio correto. É a antítese de acumular e se aferrar a coisas; é uma perspectiva de generosidade e liberdade interna.

A riqueza representa uma atração potencial para as nossas paixões; ela apela para os nossos desejos de tal maneira que pode ser uma substituta para Deus. Ela pode eclipsar todos os outros valores de nossa vida caso o nosso desejo por ela não for controlado. Na realidade, esse é o encanto de qualquer forma de idolatria.

Como vimos, a sexualidade é outro aspecto da vida humana em que vemos a mesma dinâmica em jogo. Na tradição cristã, nem as coisas materiais nem a sexualidade podem ser definidas como intrinsicamente más. Um mal intrínseco é algo que é em si pecaminoso: enquanto assassinar (a tomada intencional e injusta da vida humana) é moralmente inaceitável, matar (a tomada da vida humana) pode não ser dependendo das circunstâncias, tais como em autodefesa, ou quando a morte não é intencional, como no caso de um acidente. Da mesma forma, podemos questionar se a sexualidade humana é expressa de forma generosa e fiel, como no casamento, ou se é pervertida, tornando-se egoísta, promíscua, violenta, exploradora e gravemente pecaminosa. Mas quando a sexualidade humana respeita os requisitos morais da lei natural e das Escrituras, torna-se sagrada e, de fato, pelo menos em minha tradição, sacramental.

Distinções entre o uso moral e imoral da riqueza são ainda mais fundamentais na medida em que o mundo em si se torna mais rico e a vida melhora para pessoas que costumavam simplesmente subsistir. Falhar em distinguir formas corretas e incorretas de lidar com a abundância de bens materiais significa que a busca da virtude nesses temas se torna mais irrelevante, obscura, truncada e abstrata – reduzida a platitudes e desvinculada de qualquer coisa concreta e razoavelmente alcançável. Anseios vagos podem facilmente resultar no perfeito sendo inimigo do bom, tornando a vida virtuosa tão fora de alcance a ponto de se tornar utópica, o que literalmente significa "lugar nenhum". Em contraste, o uso verdadeiramente virtuoso dos bens deste mundo é motivo de real santificação, e requer vigilância constante: hábitos de oração, reflexão moral, responsabilização e contemplação. A riqueza pode ser sedutora como substituto para o transcendente, e a melhor forma de se combater tal sedução é contemplar a coisa real.

## *Tecnologia e a Riqueza das Nações*

O crescimento surpreendente da sociedade rica nos últimos 200 anos – uma pequena parte da história humana – mudou completamente a nossa concepção do que a vida na Terra pode ser; mudou nossas expectativas sobre o que é possível. Isso nos permitiu imaginar e tomar como dada a possibilidade de progresso e prosperidade materiais para as grandes massas. A "grande divergência" do Ocidente moderno da norma das economias pré-industriais (e do resto do mundo) começou na Revolução Industrial e persistiu ao longo da grande era do liberalismo no século XIX. A razão para tal divergência é tema de muito debate entre economistas e historiadores. Foi uma mudança institucional, política, tecnológica ou cultural? A resposta tem ramificações teológicas.

Não há resposta fácil para a questão, e um retrato completo provavelmente requer uma compreensão equilibrada da relação entre todos esses fatores. A história e a estatística em si não revelam nada sobre causa e efeito; fatores causais só podem ser identificados através de uma boa teoria. Mas há uma característica comum com a qual os pesquisadores da área concordam: o bem-estar humano é inseparável da inovação tecnológica e da acumulação do capital. O que ocorreu no período posterior à Revolução Industrial é a própria definição do que significa ser responsável e fiel à exigência do Evangelho de assistir os pobres e vulneráveis.

O fato é que a parcela da população humana vivendo na pobreza extrema foi reduzida pela metade entre 1800 e 1950, e novamente reduzida pela metade entre 1950 e 1980[81]. Em 2000, um agricultor americano produzia, em média, 12 vezes mais produtos agrícolas por hora trabalhada do que um agricultor em 1950. O desenvolvimento de nova tecnologia foi um fator decisivo nessas melhorias"[82].

Houve impactos ambientais: o aumento do uso de energia — por exemplo, o maior uso de tratores — aumentou inicialmente a emissão de gases do efeito estufa. Mas isso é apenas parte da história. O maior uso de maquinário agrícola também aumentou a produtividade e, por conseguinte, alimentou mais pessoas. E o aumento em emissões foi reduzido por avanços tecnológicos que se seguiram, como motores mais eficientes e fontes alternativas de energia.

Mas a poluição e as preocupações climáticas não são os únicos problemas que surgem em conjunto com a revolução tecnológica na agricultura que nos permitiu alimentar bilhões de seres humanos. Perceba que esse aumento dramático ocorreu de uma forma claramente desigual. E aqui surge o potencial para a inveja: o rico enriquece mais rápido que o pobre sai da pobreza. E, ainda assim, ao observarmos as tendências de longo prazo, fica claro que o aumento da riqueza beneficiou toda a comunidade global. Então, aqui está o desafio: imagine uma política que exija que o progresso só seja permitido caso possa ocorrer ao mesmo tempo em todos os países do mundo, de forma igual para todos os grupos demográficos. Poderíamos defender a igualdade no ritmo do progresso como a prioridade moral. E esta é a política que deveríamos adotar se acreditamos que nenhum grupo deveria se tornar próspero a menos que todos os grupos compartilhem igualmente as bênçãos da prosperidade crescente. Poderíamos garantir a igualdade, mas apenas à custa de aumentos no bem-estar geral de longo prazo. Pense como, sob tal regra, o resultado da história teria sido muito diferente. Implicaria que, como uma comunidade global, seríamos um décimo tão ricos quanto somos atualmente — e que as

---

81. Fifty-two percent of the world's population lived in absolute poverty in 1981; by 2005, only 25 percent did, according to World Bank figures. See Daniel Griswold, *Mad about Trade: Why Main Street America Should Embrace Globalization* (Washington, D.C.: Cato Institute, 2009), p. 127.
82. Fuglie, Keith O; MacDonald, James M. e Ball, Eldon. *Productivity Growth in U.S. Agriculture*, Economic Brief no. 9 Setembro de 2007. Disponível em: https://www.ers.usda.gov/webdocs/publications/42924/11854_eb9_1_.pdf.

pessoas viveriam pouco mais do que a metade dos anos que vivem hoje. Aqui falo do mundo em geral. Essas são considerações morais que devemos encarar quando priorizamos a igualdade sobre a liberdade para criar e deter recursos. Além disso, considere outro fato relativo ao tamanho da população global, que hoje é de sete bilhões, em comparação ao um bilhão de apenas 200 anos atrás. O mundo escapou da "armadilha malthusiana" do crescimento populacional que levaria à fome em massa através da produtividade econômica que foi possibilitada por instituições emergentes de propriedade de capital, investimento e comércio. Se essas instituições fossem travadas, impedidas ou abolidas, como a capacidade da economia global de alimentar, vestir e curar uma população de sete bilhões seria afetada? O mundo sequer de fato suportaria sete bilhões de pessoas? Essas são questões importantes.

## *"Abençoados são os Pobres" e "Mas ai de vós que sois ricos!"*

O aumento da riqueza e sua distribuição cada vez mais ampla entre todas as classes sociais também levanta questões cruciais de teologia e interpretação bíblica. Quando lemos as palavras de Jesus nas Bem-aventuranças, "Mas ai de vós que sois ricos!", vemo-las como um tipo de filosofia política ou política? Sem dúvida, a mensagem cristã tem implicações sociais e políticas; mesmo não sendo o objetivo último do Evangelho, são efeitos que derivam da conversão radical do coração da pessoa. A função adequada do governo não é a redistribuição de riqueza, mas a abjudicação da justiça e a promoção do bem comum, que é "a soma total das condições sociais que possibilitam que as pessoas.... alcancem sua plenitude"[83].

Um sistema legal justo lutará contra a injusta aquisição e acumulação de riqueza, seja por parte dos governos – como quando confiscam propriedades em guerras ou através de injusta tributação ou política monetária inflacionária – ou por criminosos em becos escuros.

O sistema de crença judaico-cristão está arraigado na história. Tanto o Judaísmo como o Cristianismo são religiões históricas que derivam muito de

---

83. *Gaudium et spes*, no. 26, The Vatican, https://www. vatican.va/archive/hist_councils/ii_ vatican_council/documents/vat-ii_ const_19651207_gaudium-et-spes_en.html.

seu autoentendimento dos eventos históricos – o Êxodo e a Ressurreição, por exemplo – que formaram suas crenças. Ao longo do tempo, o significado dessas crenças passou a ser entendido em um nível mais profundo, com o desenvolvimento e o refinamento de suas implicações.

Os escritores do período bíblico viveram em uma economia agrária pré-industrial, e a Bíblia contém concepções e categorias verdadeiras, mas amplamente pré-científicas, sobre o campo da economia. Em um mundo influenciado pela experiência da Revolução Industrial e – até mais recentemente – pelo avanço da tecnologia das comunicações e da inteligência artificial, com cada vez mais pessoas ao redor do mundo se tornando mais prósperas e vivendo mais e melhor que seus antepassados, é imperativo para a credibilidade recente do Cristianismo que os pensadores cristãos desenvolvam um entendimento claro das questões que tangem a economia.

É imperativo que essas realidades da existência humana possam ser consideradas à luz de toda a revelação cristã, de modo que o Evangelho possa ser anunciado às novas gerações em uma linguagem que elas possam entender. Nas próximas décadas, à medida que mais sociedades ao redor do mundo participam do comércio e passam a entender que os mercados geram prosperidade, a nova prosperidade apresentará um real desafio pastoral ao Cristianismo. Na medida em que as pessoas compreendem os benefícios e funcionamento das economias de mercado, mesmo se apenas em um nível prático, as instituições que falharem em considerar essas realidades perderão sua credibilidade como transmissoras da verdade.

Para que a Igreja seja capaz de enfrentar os desafios morais que surgem em um mundo em que as pessoas são mais ricas do que nunca, ela precisará reconhecer a inadequação de uma economia baseada em agricultura de subsistência – ou das políticas redistributivas que poderiam devolver o mundo a tal pobreza – como a chave para o florescimento humano. Embora seja certamente verdade que "sempre haverá pobres convosco" (Marcos 14:7), também é verdade que a população global hoje é enormemente mais rica que o mais rico daqueles que primeiro ouviram essas palavras de Jesus.

Antes do advento do capitalismo moderno e da Revolução Industrial, grande parte dos ricos eram oficiais do Estado, coletores de impostos, intelectuais da corte, sacerdotes complacentes, comerciantes e proprietários de terras que se beneficiavam dos favores do monarca, além de interesseiros que ganhavam dinheiro intermediando favores governamentais. O estilo de vida dessa pequena minoria de pessoas ricas sortudas e favorecidas dependia amplamente de tributos, guerra e roubo. Mas agora a riqueza pode ser acumulada em atividades produtivas que beneficiam a sociedade como um todo – e quase todos, com exceção de uma pequena minoria de norte-americanos, europeus, e números crescentes de latinos, asiáticos e africanos, hoje se qualificariam como "ricos" pelos padrões bíblicos. A cultura ocidental que se formou em torno da ética cristã do trabalho e propriedade, contrária ao roubo, implica que o mundo tornou vastamente mais produtivo – e rico – do que era dois mil anos atrás.

Conforme as coisas melhoram globalmente, é fundamental que particularmente os líderes religiosos abordem a questão moral imposta por essa melhoria.

Em poucas palavras, na realidade do aperfeiçoamento humano dos últimos 150 anos, a verdade é que o aumento do padrão de vida não foi igual para todos. Nem toda região ou país melhorará ao mesmo tempo, nem na mesma velocidade. Essa diferença facilmente motiva a inveja, que pode ser usada para fins políticos – em nome de uma causa moral. Mas uma compreensão clara e saudável do que está realmente acontecendo no plano econômico nos permite entender a escolha que deve ser feita. Quando analisamos como a população mundial saiu da pobreza, fica claro que a redistribuição de riqueza não é o melhor caminho; pelo contrário, criar riqueza amplamente distribuída é o caminho pacífico e viável. Essa é a principal lição econômica dos últimos 100 anos.

A injunção de Jesus "ai de vós que sois ricos" é uma condenação à riqueza como tal, ou um alerta contra a busca da riqueza como um fim em si mesma? Como vimos, São Paulo não diz que o dinheiro em si é mau, mas sim que o "o amor ao dinheiro é a raiz de todo o mal; e nessa cobiça alguns se desviaram da fé e se transpassaram a si mesmos com muitas dores" (1 Timóteo 6:10). Parece claro que esse texto é menos sobre moedas ou dólares (denários ou talentos), ou até mesmo sobre fazer e acumular dinheiro, e mais sobre tornar a busca do ganho material o propósito de sua vida, independentemente das preocupações morais. O Eclesiastes fecha a questão ao nos dizer: "Aquele que ama a prata não se satisfará com a prata; e nem aquele que ama a abundância com o aumento; isto também é vaidade" (5:10).

## Devemos vender tudo o que temos?

Cada um dos Evangelhos sinóticos preserva a memória de uma ocasião quando um jovem homem rico (ou "governante") aproxima-se de Jesus em busca de direção espiritual (Mateus 19:16-21; Marcos 10:17-29; Lucas 18:18-30). Parece que o discípulo potencial deseja profundamente viver da forma correta. Ele questiona: "Bom Mestre, o que farei para que eu possa herdar a vida eterna?" (Marcos 10:17). Após lembrar o jovem homem dos mandamentos e de se assegurar que ele os seguiu em sua vida, Jesus parece ler o coração dele. Ele chama a atenção dele para algo mais profundo que todos os outros sucessos e riqueza: "E Jesus, olhando para ele, o amou e lhe disse: Uma coisa te falta; vai pelo teu caminho, vende tudo quanto tens, e dá-o aos pobres, e tu terás um tesouro no céu". Ele, então, faz o mesmo convite que ofereceu a Pedro e André: "segue-me" (Marcos 10:21). Costumo brincar que, caso o homem tivesse respondido positivamente, poderia ter havido um 13º apóstolo.

Esse encontro prepara o cenário para o ensinamento de Jesus acerca da natureza radical e custo do discipulado. Aqui surge a famosa frase que é repetida em discussões sobre riqueza e sucesso econômico: "quão difícil é, para os que confiam nas riquezas, entrar no Reino de Deus! É mais fácil um camelo passar pelo olho da agulha, do que um homem rico entrar no Reino de Deus" (Marcos 10:24–25). Essa metáfora vívida, que aparece na metade do relato, é talvez sua parte mais memorável.

As palavras de Jesus são frequentemente vistas como uma denúncia da riqueza, ou uma indicação de que a riqueza é incompatível com o discipulado. Estranhamente, as pessoas costumam se lembrar apenas de parte da orientação de Jesus.

Na verdade, a primeira coisa que Jesus diz ao jovem homem rico é que ele deveria se envolver com o comércio! Jesus diz: "vai pelo teu caminho, vende tudo quanto tens, e dá-o aos pobres". O jovem homem rico não é aconselhado a destruir suas posses ou simplesmente renunciar a tudo o que tem. Não obstante, é assim que a maioria das pessoas se lembra dessa passagem. Certamente, isso ocorrerá, mas primeiro ele deve vender todas as suas posses, liquidar suas propriedades. Como a palavra sugere, "liquidar" a sua propriedade é torná-la mais fluida, ou seja, utilizável de uma forma que não o era anteriormente. Quando alguém vende algo, envolve-se em uma troca de valores. Se esse homem espera ajudar muito os pobres para quem as receitas da venda eventualmente serão dadas, presumivelmente tentará obter um bom preço por suas propriedades. O benefício eventual para os necessitados seria o resultado de sua habilidade de gerar lucro, e esse mesmo ato de empreendedorismo ou troca se tornaria o meio pelo qual provaria sua fidelidade à ordem de Jesus. Sua riqueza seria uma ferramenta – que não pode ser intrinsicamente má, porque Jesus o orientou a utilizá-la. E a mesma coisa é verdade não apenas a respeito de sua riqueza, mas sobre seu engajamento na troca comercial: o lucro que ele geraria com a venda tornar-se-ia o meio para beneficiar os outros[84].

É claro que nada disso é falado. O homem desistiu e foi embora triste "pois ele tinha grandes posses" (Marcos 10:22). Jesus resume o encontro com um alerta sábio sobre o custo do discipulado: "Filhos, quão difícil é, para os que confiam nas riquezas, entrar no Reino de Deus!" (Marcos 10:24). De fato, o discipulado é árduo se levado a sério, porque ele sempre exigirá sacrifício, uma cruz a ser carregada. E as cruzes tomam diversos formas e tamanhos, dependendo do que é mais importante para cada pessoa. Agora surge uma das metáforas mais memoráveis em toda a Bíblia: "É mais fácil um camelo passar pelo olho da agulha, do que um homem rico entrar no Reino de Deus" (Marcos 10:25). Você consegue imaginar quantas vezes sou questionado sobre esse verso? Por outro lado, a frase final dessa perícope – que oferece a chave para entender o encontro – quase nunca é lembrada. Pause a leitura por um momento e tente lembrar-se dela: para Jesus, qual é a moral da história?

Os próprios discípulos de Jesus ficam estupefatos: "E eles ficaram extremamente admirados, dizendo entre si: Quem, então, poderá ser salvo?" (Marcos 10:26). Agora vem a mensagem. "Com homens isso é impossível, mas não com Deus; porque com Deus todas as coisas são possíveis" (Marcos 10:27).

A humanidade, com todas as suas habilidades e realizações, não pode comprar uma relação eterna com Deus. Ao jovem homem rico (e, através dele, a cada um de nós) está sendo ensinada uma lição crítica: a riqueza não pode ser o objetivo de nossa vida. Não devemos "confiar nas riquezas". O jovem homem foi chamado a empregar seus talentos – isto é, a envolver-se com o

---

84. Pelo menos, vale a pena notar que, embora Jesus ordene o jovem homem a vender e "dar aos pobres" em todas os relatos sinóticos, em nenhum deles fica claro que ele deveria dar tudo que tivesse vendido aos pobres, apenas "dar aos pobres".

comércio – mas com um objetivo mais elevado do que o material. Ele e nós devemos encarar a riqueza não como um fim, mas como um meio para um fim mais elevado – o discipulado. Como essa passagem pode ser interpretada como dizendo que o comércio, ou a riqueza que ele produz, é, de alguma forma, intrinsicamente mau quando Jesus claramente o ordena?

A lição mais ampla ficou mais clara para mim no seminário, no meu primeiro dia em um curso sobre teologia moral, do qual ainda lembro vividamente. O professor começou a aula com uma questão que provocava a reflexão: "Você acredita que o estudo da moralidade existe para torná-lo uma pessoa mais moral?"

O debate tomou a sala, com argumentos favoráveis e contrários. No final, concluí que o estudo da teologia moral poderia ser perigoso – na medida em que eu me tornava mais consciente de minhas responsabilidades morais, aumentava a minha obrigação de respeitar a lei moral. Embora a ignorância invencível possa ser uma bênção, o conhecimento aumenta a nossa obrigação. Assim como a riqueza.

E, ainda assim, vemos um teólogo argumentando em um importante jornal "conservador" que "o Novo Testamento trata essa [enorme] riqueza não apenas como uma ameaça espiritual e uma bênção que não deveria ser má utilizada, mas como um mal intrínseco"[85]. Poderíamos pensar que teólogos, estudiosos bíblicos e clérigos seriam mais sábios. Mas esse mal-entendido é muito comum.

Um entendimento real do que é a riqueza pode esclarecer um pouco as coisas, ainda que permaneça o desafio de como os fiéis devam usar recursos abundantes. A riqueza não é simplesmente o total de recursos ou oportunidades que as pessoas têm à sua disposição? Na medida em que esses recursos e oportunidades aumentam, também aumenta a responsabilidade para que essas oportunidades sejam usadas moral e responsavelmente. Vemos essa ética expressada nos Evangelhos, por exemplo, em Lucas 12:48, onde lemos: "Porque a quem quer que muito for dado, muito será requerido dele". Deste modo, podemos examinar algumas outras referências a esse tema presentes no Novo Testamento.

---

85. Hart, David Bentley. "Mammon Ascendent," *First Things* (Junho de 2016).

## Não podemos servir a Deus e a Mamom

A palavra Mamom é usada em Mateus 6:24 e Lucas 16:9-13. Com um pouco de pesquisa, descobrimos que Mamom é derivado do hebreu "aquilo em que alguém confia", e que no aramaico significa riqueza ou propriedades[86]. Como é usado na Bíblia, esse "Mamom" não é físico, mas espiritual: refere-se a um estado de espírito – amor distorcido, afeição exagerada, ou apego desornado pelo dinheiro. Fica claro que Jesus faz um uso qualificado deste termo, considerando-o pecaminoso na medida em que o dinheiro é posto acima de Deus. Assim, embora ambas as passagens digam "Não podeis servir a Deus e a Mamom" (Mateus 6:24, Lucas 16:13), em Lucas ele fala especificamente de "riquezas da injustiça" (Lucas 16:9). As condenações e alertas sobre o dinheiro ou a riqueza no Novo Testamento englobam preocupações com as atitudes das pessoas em relação ao dinheiro – não simplesmente com a sua posse, e muito menos com a sua existência. Como vimos na história do jovem homem rico, não são apenas "os ricos", mas especificamente aqueles que "confiam nas riquezas" que enfrentam dificuldades para entrar no Reino.

## Riquezas e extravagâncias

Um exemplo dessa abordagem equilibrada pode ser visto nas repetidas referências de Jesus aos "ricos". Ao refletir sobre o que significava ser rico na época em que Jesus falou (a Palestina do ano 100), podemos obter um entendimento mais profundo sobre a mensagem e a intenção de Jesus. Em um mundo pré-industrial, riqueza e pobreza estavam associadas com coisas além da economia. Ao longo da história humana, a riqueza foi amplamente estática e, com frequência, obtida por manipulação política, roubo e guerra, e menos por comércio, investimento ou produtividade, tal como entendemos esses conceitos hoje.

Em grande parte, pessoas que vivem em sociedades economicamente livres se tornam ricas não pela expropriação ou empobrecimento dos outros, mas precisamente ao cooperar com eles, entendendo as necessidades que eles

---

86. Fitzmyer, Joseph. *The Gospel According to Luke*, vol. 2. New York: Doubleday, 1981–1985. p. 1109.

têm e trabalhando para atendê-las. Isso requer assumir o risco inerente a todos os projetos econômicos, empregar maior eficiência em serviço ao tratar os outros com respeito, estabelecer um histórico de honestidade e confiança, olhar para o futuro, estar disposto a postergar a gratificação imediata em prol de uma recompensa futura por sua criatividade. Isso é produtividade. A oração a Deus para "estabelecermos sobre nós a obra das nossas mãos" em Salmos 90:17 é um exemplo adequado de uma pessoa pedindo a Deus que suas atividades, incluindo as financeiras, possam ser produtivas, bem-sucedidas e, até mesmo, lucrativas.

O Cristianismo não condena essa abordagem. Pelo contrário, se não exatamente inventou essa forma de criar riqueza, ele deu forma, substância e clareza moral a ela. Esses são os valores ensinados nas Escrituras, e essa é a cultura que emergiria das palavras dos apóstolos e de Jesus, seria incorporada por santos e mártires, e vivida pelos líderes políticos e estadistas mais finos e nobres ao longo da história. Os valores do Evangelho promovem o bem comum, e quando uma sociedade inteira é moldada por esses valores ao longo do tempo, os benefícios do comportamento virtuoso e a prosperidade ele que gera podem fluir para todas as classes da sociedade. Algumas pessoas particularmente criativas, honestas, dispostas ao risco, industriosas e, sim, sortudas serão mais ricas que outras, mas seus esforços extraordinários também beneficiarão os outros, elevando o nível geral de riqueza e prosperidade de todos.

Uma visão oposta pode ser vista em um livro de José Porfirio Miranda. Em *Communism in the Bible*, ele escreve que "ninguém pode levar a Bíblia a sério sem concluir que, segundo ela, os ricos, por serem ricos, deveriam ser punidos". Ele prossegue dizendo que "toda a riqueza diferenciadora é maligna... portanto, ser rico é ser injusto"[87].

Mas o fato é que, muitos dos ricos entre nós – empreendedores, capitalistas e investidores brilhantes e produtivos – participaram da criação do mundo como o conhecemos, com muitos benefícios para aqueles que não são considerados ricos. Em nosso mundo, como vimos, a prosperidade geral agora sustenta uma população sem precedentes de sete bilhões de pessoas pela primeira vez na história. Em nosso mundo, o número de pessoas vivendo na pobreza foi reduzido pela metade novamente no século XX – conforme os talen-

---

87. Miranda, José Porfiri. *Communism in the Bible*. Maryknoll, New York: Orbis, 1992.

tos, riscos e trabalho duro de inventores, empreendedores e investidores foram exercitados a serviço de seus compatriotas na economia de mercado. Para tal, os "ricos" merecem nosso respeito e louvor, não um olhar sarcástico.

É verdade que o sucesso material traz consigo tentações à indulgência e ao uso dessa riqueza para propósitos de poder e não mera persuasão. Como tal, pobreza e desejo levam muitos em direção à inveja, raiva, desespero e atos de roubo. Seja como for, a tentação pode ser enfrentada. É possível distinguirmos o tamanho de nossas contas bancárias (sejam gordas ou magras) do *status* de nossas almas.

As admoestações de nosso Senhor sobre as riquezas deveriam ser mediadas através da consciência do fiel, não da ação do Estado. Uma abordagem mais equilibrada impedirá que nós agreguemos legitimidade às ambições do Estado centralizador. Deveríamos nos inspirar pela forma como Gregório, o Grande, interpretou a história do Homem Rico e Lázaro: "não foi a pobreza que levou Lázaro ao paraíso, mas a humildade; nem foi a riqueza que impediu o homem rico de alcançar o descanso eterno, mas sim seu egoísmo e infidelidade"[88].

Uma perspectiva ética sobre a posse de riquezas é bem expressada no Salmo 39, que não denuncia a riqueza como tal, mas a situa no contexto mais amplo da realidade humana e, de fato, da eternidade: "Eis que tu fizeste meus dias como um palmo, e minha idade *é* como nada diante de ti; verdadeiramente, todo homem em seu melhor estado *é* totalmente vaidade. Certamente, todo homem caminha em uma aparência vaidosa; certamente, se perturbam em vão; ele amontoa *riquezas*, e não sabe quem as apanhará" (Salmos 39:5-6). Essa reflexão intensa e honesta, que demonstra como manter a riqueza de forma leve na vida, é um exemplo que pode nos ajudar a evitar a tendência de acumular e se apegar às riquezas. Afinal, até mesmo a maior propriedade é como se fosse um minuto em face da eternidade. Essa lição, frequentemente esquecida por aqueles que deveriam conhecê-la melhor, é um poderoso corretivo para a tendência de se apegar e acumular.

---

88. *Gregory the Great: Homilies on the Gospel of St. Luke*, como citado in Francis Fernandez, *In Conversation with God: Meditations for Each Day of the Year*, vol. 2. Strongsville, Ohio: Scepter Publishing, 1989.

## As Bem-aventuranças e os amigos ricos de Jesus

As Bem-aventuranças estão entre os dizeres mais poéticos e memoráveis de Jesus registrados no Novo Testamento. No entanto, são frequentemente usadas por aqueles que querem transformar o Evangelho em um projeto político. Elas são transformadas em plataformas políticas para condenar a produtividade econômica ou a acumulação de riqueza como ganância. Isso só pode ser alcançado ao se tomar as palavras do Senhor de forma muito simplista ou seletiva. Isso fica claro ao lermos as Bem-aventuranças em seu contexto.

"Bem-aventurados sois vós, os pobres", diz Jesus, "Mas ai de vós que sois ricos! Porque já recebestes a vossa consolação. Ai de vós que estais fartos! Porque tereis fome. Ai de vós que agora rides! Porque haveis de lamentar e chorar" (Lucas 6:20 e 24-25). Certamente essas sentenças não denunciam estômagos cheios ou a experiência de alegria e riso. Entendemos quase intuitivamente que, nessas referências, a lição diz respeito ao excesso, não sobre o convívio ou sobre se ter o suficiente para comer. Politizar essas palavras, como alguns exegetas tentam fazer, transformando-as em um chamado a redistribuir a riqueza, é injusto com a intenção original delas. Reduzir as palavras de Jesus a uma plataforma política despreza a mensagem profunda do sermão eloquente e desafiador do Senhor – a saber, que nem a satisfação nem o paraíso são alcançados através da riqueza, ou de qualquer prazer ou conquista terrena.

Uma exegese equilibrada requer que nós empreguemos toda a Escritura, respeitando o contexto de como os cristãos a interpretaram ao longo dos anos e o entendimento histórico que formou a consciência cristã nos últimos dois mil anos. ("As vidas dos santos são as notas de rodapé dos Evangelhos", alguém certa vez disse.)

Embora seja o caso de que uma das características que distinguem o ministério de Jesus seja seu foco constante nos marginalizados e abandonados, seria demasiado materialista supor que se tratasse apenas dos economicamente marginalizados – embora, é claro, certamente os inclua.

A indicação mais clara de que Jesus abordava classes marginalizadas para além dos pobres é que sua "mesa partilhada" incluía diversas classes de pessoas[89]. Há um consenso de que incluía os pobres, mas os pobres em um

---

89. Blomberg, Craig. "Jesus, Sinners, and Table Fellowship," *Bulletin for Biblical Research* 19, n° 1 (2009). p. 35–62.

sentido mais amplo do que aqueles desprovidos de recursos financeiros. Os escribas e Fariseus destacavam que Jesus comia com pecadores e coletores de impostos, ou seja, com agentes judeus da força de ocupação romana, que eram ricos, porém, odiados por outros judeus[90]. Jesus também se relacionava com os samaritanos, apesar de que, segundo o Evangelho de São João, "os judeus não se relacionam com os samaritanos" (João 4:9). Ele também incluía mulheres em seu círculo, particularmente aquelas consideradas pecadoras, ou que estavam passando por situações difíceis (sejam espirituais ou físicas). Ele ajudou os gentis (veja Mateus 8:5 e Lucas 7:1-10), permitiu que os leprosos se aproximassem dele (Mateus 8:2-3, Marcos 1:40-42 e Lucas 5:12-13), e famosamente disse: "Deixai as criancinhas e não as impeçais de virem a mim; porque de tais é o Reino do Céu" (Mateus 19:14). E, embora o Senhor tivesse conflitos com a liderança religiosa, até alguns dessa classe foram seus discípulos próximos – José de Arimateia, por exemplo, era um membro do Sinédrio (veja Lucas 15:43 e 23:50-51).

Os conflitos de Jesus com os ricos eram motivados mais pela arrogância e orgulho deles do que por sua riqueza; ele os condenava por seu desprezo ou negligência pelos pobres, em vez de suas posses. Isso se torna aparente em diversas relações que Jesus teve com pessoas de posses. Mais do que qualquer outra mulher além de Maria, mãe de Deus, Maria de Magdala (uma vila na costa do Mar da Galileia) é uma personagem central nos Evangelhos. Ela acompanhou Jesus até a crucificação e esteve entre as primeiras pessoas a encontrarem o Senhor recém-ressuscitado. Jesus confiaria a ela a missão de levar a notícia de sua ressurreição aos apóstolos, que estavam escondidos em Jerusalém. Tal fato lhe rendeu o título de "Apóstolo dos Apóstolos".

Ao longo do tempo, surgiram várias confusões sobre Maria Madalena nos Evangelhos devido à falta de informação detalhada sobre ela, bem como pelo fato de o nome Maria ser muito comum entre os seguidores de Jesus: sua mãe, a irmã de Marta e Lázaro, a mulher de Cléofas etc. Não há evidência de que Maria Madalena era uma prostituta reformada; o que sabemos é que sete demônios tinham sido exorcizados dela (veja Lucas 8:2). Surpreendente, e mais importante para os nossos propósitos, é a questão de sua condição econômica.

Na verdade, Maria é descrita como membro de um grupo de mulheres que "o serviam com seus bens" (Lucas 8:3), benfeitoras que apoiavam a obra

---

90. Veja Mateus 9:11, Marcos 2:16 e Lucas 5:30.

de Jesus e seus apóstolos. Havia obviamente alguns recursos supérfluos – a própria definição de riqueza – disponíveis para ela e as outras mulheres mencionadas. (Durante a ocupação romana, Magdala era considerada uma das cidades mais prósperas, uma grande fonte de tributos. Talvez essa prosperidade se devesse à fábrica fenícia de corantes, que foi desenterrada nas ruínas de Magdala em 2019. A cor púrpura era rara no mundo antigo e era associada à realeza, que podia dar-se o luxo de comprá-la).

O exemplo de Jesus de convocar e aceitar a ajuda de benfeitores ricos foi seguida por São Paulo em seu encontro com Lídia, evidentemente uma empresária de sucesso em Tiatira, cuja riqueza provavelmente advinha de uma empresa similar à de Maria Madalena. Lídia, que é considerada a primeira mulher cristã a se converter na Europa, acolheu São Paulo e seus discípulos em sua casa, enquanto ele estava em missão (Atos 16:40-17).

José de Arimateia, o seguidor de Jesus que, como vimos, era um membro da liderança religiosa judaica, é mencionado nos quatro Evangelhos. Mateus o descreve como "o homem rico" (Mateus 27:57), e todos os quatro Evangelhos relatam que ele forneceu um túmulo e um lençol de linho para velar Jesus (Mateus 27:57-61, Marcos 15:43-47, Lucas 23:50-55 e João 19:38-42).

Consideremos agora essas referências intrigantes ao embrulhamento do corpo de Jesus em um tecido de linho. Esse incidente evoca a memória do quaterno de soldados romanos que, despindo Jesus na crucificação, descobriu entre os seus pertences uma vestimenta "sem costura, toda tecida de alto a baixo" que consideraram de grande valor (veja João 19:23). Essa vestimenta sem costura poderia ser comparada a uma roupa de grife, o que nos leva a questionar: como é possível que um pregador judeu itinerante que "não tinha onde deitar sua cabeça" (Mateus 8:20) teve acesso a um artigo de vestimenta tão caro? E, por que, se ele era tão visceralmente desdenhoso de todos os adereços de riqueza, não tinha descartado ou doado tal peça antes do Calvário?

A vestimenta sem costura, a tumba do homem rico, o lençol de linho e – como veremos – o embalsamento com óleo caro que Judas considerou um desperdício indicam que, além dos pobres e marginalizados que Jesus amou e dos quais era próximo, ele também tinha apoiadores ricos de seu ministério que também eram seus próximos a ele, e que Jesus não condenava a riqueza em si.

## A unção de Jesus com óleo

Considere por um momento a extravagante unção dos pés de Jesus com "unguento de nardo puro, caríssimo" (João 12:3). Existem diversos relatos detalhados de Jesus sendo untado nos diferentes Evangelhos.

Ambos os relatos em Mateus (26:6-13) e Marcos (14:3-9) descrevem uma mulher anônima, e nenhum deles menciona o custo exato do óleo. Lucas (7:36-50) menciona uma "mulher pecadora". Como é comum nos Evangelhos sinóticos, esses relatos são muito similares, estabelecendo o local como a casa de Simão, embora difiram em pequenos detalhes. João é o único evangelista a nomear a mulher como Maria, irmã de Marta; afirma que o evento ocorreu na casa delas em Betânia. Segue o relato de João:

> Seis dias antes da Páscoa, veio Jesus a Betânia, onde estava Lázaro, o que estivera morto, e a quem ele ressuscitara dos mortos. Fizeram-lhe ali uma ceia, e Marta servia, mas Lázaro era um dos que estavam à mesa com ele. Então, Maria, tomando uma libra de unguento de nardo puro, caríssimo, ungiu os pés de Jesus, e limpou os pés com os seus cabelos; e a casa se encheu com o cheiro do unguento. Então, disse um dos seus discípulos, Judas Iscariotes, *filho* de Simão, aquele que o havia de trair: Por que não se vendeu este unguento por trezentos denários, e não se deu aos pobres? Então ele disse isso não pelo cuidado que tivesse dos pobres, mas porque era ladrão, e tinha a bolsa, e subtraia o que nela foi colocado. Disse, pois, Jesus: Deixe-a sozinha! Para o dia do meu sepultamento o tem guardado. Porque os pobres sempre os tendes convosco, mas a mim nem sempre me tendes (João 12:1-8).

Como o nosso estudo foca nas dimensões econômicas dos Evangelhos, deixarei de lado as diferenças entre os seus diferentes relatos (e questões tais como se são memórias de dois eventos distintos, ou do mesmo), concentrando-me na essência da história e nas questões econômicas que derivam dela.

Esse ato representaria uma extravagância para uma mulher comum: consumir, talvez, todas as suas economias. O custo do óleo teria representado o salário de um ano de um trabalhador. Analisemos a reação dos que estão com Jesus à sumptuosidade da ação dela – seja de Judas, como é chamado em João, ou dos discípulos anônimos de Jesus, como em Mateus (26:8-9) e

Marcos (14:4-5) – e reflitamos sobre o que podemos aprender com a resposta deles.

Considere a objeção de Judas, conforme recontada por João: "Então, disse um dos seus discípulos, Judas Iscariotes, filho de Simão, aquele que o havia de trair: Por que não se vendeu este unguento por trezentos denários, e não se deu aos pobres? (João 12:4-5). O protesto de Judas dá voz à justaposição perene do luxo às necessidades dos pobres – em termos econômicos, a falácia da soma zero. Esse protesto à unção retrata as coisas a partir de uma perspectiva muito comum, porém truncada. Judas vê apenas o custo do nardo, não o amor que provocou a suntuosidade. Como diz Jesus: "Deixe-a sozinha! Para o dia do me sepultamento o tem guardado. Porque os pobres sempre os tendes convosco, mas a mim nem sempre me tendes" (João 12:7-8).

E, pelo menos no caso de Judas, a preocupação fingida pelos pobres é um disfarce para sua própria ganância e desonestidade. O motivo da fala de Judas é a sua avareza – seu desejo de controlar o dinheiro que Maria tinha gastado no nardo aromático para untar os pés de Jesus: "Ele disse isso não pelo cuidado que tivesse dos pobres, mas porque era ladrão, e tinha a bolsa, e subtraia o que nela era colocado" (João 12:6). A sua ganância, o real motivo por sua pretensa preocupação com os pobres, cega-o para o amor demonstrado por Maria.

Mesmo se for genuíno, um amor dedicado aos pobres é insuficiente para melhorar efetivamente a vida deles. É muito fácil condenar o consumo de bens de luxo e contrastá-lo com as condições degradantes dos pobres – sem fazer nada realisticamente para assisti-los.

As palavras de Jesus a Judas – "os pobres sempre os tendes convosco" (João 12:8) – não devem ser vistas como uma negação da tragédia da pobreza, muito menos como um desencorajamento ou desconsideração da obrigação de ajudar os pobres – especialmente dado o contexto, que é a prática presumida de doações de caridade por Jesus e seus discípulos (veja João 12:6 e 13:29). Suas palavras são, em vez disso, um eco do Deuteronômio 15:11, que toma o fato de que "o pobre nunca deixará a terra" como razão para sermos caridosos com ele: "Porque o pobre nunca deixará a terra; portanto, eu te ordeno, dizendo: Abrirás completamente a tua mão a teu irmão, ao teu pobre, e ao teu necessitado na tua terra".

## *A limpeza do Templo*

A "limpeza do Templo", como é chamado o relato de Jesus expulsando os cambistas, é um farto material para aqueles que afirmam que Jesus desenhava a troca econômica e o comércio e promovem a ideia de um antagonismo natural entre Deus e o dinheiro. Mas essa leitura superficial só pode ser sustentada na medida em que uma pessoa não esteja disposta a investigar as profundezas da história e questionar o que Jesus de fato pretendia com suas ações.

A limpeza do Templo é recontada nos quatro Evangelhos (Mateus 21:12-17, Marcos 11:15-19, Lucas 19:45-48, e em João 2:13-16), embora os detalhes difiram entre eles. Na descrição de Mateus:

> E entrando Jesus no templo de Deus, expulsou todos os que vendiam e compravam no templo, e derrubou as mesas dos cambistas e os bancos dos que vendiam pombas; e disse-lhes: Está escrito: A minha casa será chamada casa de oração; mas vós a fazeis covil de ladrões (Mateus 21:12-13).

A limpeza do Templo é um exemplo singular em que Jesus está associado à violência – algo que está fora de nosso âmbito, mas que é, em si, notável. Como resultado, grande parte da discussão sobre o incidente se dá no contexto da teoria da guerra justa e o pacifismo do pensamento cristão. Nossa atenção está focada no que a ação de Cristo significa em relação à atividade comercial e ao dinheiro – no que tange aos seus significados econômico e teológico.

O papa Bento XVI (Joseph Ratzinger) resume sucintamente uma interpretação política secular do ministério de Jesus, que retrata esse conflito como um ato zeloso de violência contra as autoridades do Templo, que eram vistas como colaboradoras dos colonizadores imperialistas romanos. Como ele destaca, esse tipo de comentário sobre o incidente passou a receber atenção na década de 1960. Ratzinger contrasta a abordagem política com a interpretação escatológica que retrata a limpeza do Templo como um eco das expectativas do Velho Testamento[91].

Para alguns, a própria expressão "cambistas" pode conotar ganância, exploração e injustiça. E a frase "esconderijo de ladrões" pode dar credibilida-

---

91. Ratzinger, Joseph. *Jesus of Nazareth: Holy Week*. San Francisco: Ignatius Press, 2011. p. 13–16.

de a uma interpretação que iguala os negócios com o roubo. Mas, na verdade, é oriunda de Jeremias 7:11: "É, pois, esta casa, que é chamada pelo meu nome, um esconderijo de ladrões aos vossos olhos? Eis que eu tenho visto isto, diz o SENHOR". A expressão "esconderijo de ladrões" resume uma lista de iniquidades como assassinato, adultério, idolatria e falso testemunho:

> Eis que vós confiais em palavras mentirosas que não podem beneficiar. Ireis vós roubar, assassinar, cometer adultério, jurar falsamente, queimar incenso para Baal, e andar após outros deuses a quem não conheceis. E vireis e vos colocareis perante a mim nesta casa, que é chamada pelo meu nome, e direis: Nós somos livres para fazer todas estas abominações? (Jeremias 7:8-10).

A obra *Binding the Strong Man*, de Ched Myers, exemplifica uma interpretação amplamente politizada, para não dizer revolucionária, deste episódio (e, neste sentido, de todo o Evangelho de Marcos)[92]. Embora conceda que Jesus não estivesse surpreso com as atividades comerciais no Templo, Myers conclui que "Jesus está atacando os interesses da classe dominante em controle dos negócios do mercado do Templo"[93]. Ele considera a ação disruptiva de Jesus como um chamado "a por fim a um sistema de culto [...] que representa os mecanismos concretos de opressão em uma economia política que explorava duplamente os pobres e os impuros"[94].

Em vez de ver a ação de Jesus como uma resposta a uma injustiça concreta dos cambistas que enganavam seus compatriotas judeus manipulando o valor da moeda, ou reconhecer a intenção fundamentalmente escatológica do Senhor, Myers rebate que a intenção de Jesus era revolucionária: ele buscava derrubar o Templo e todo o seu "sistema de culto".

Mas, de fato, os cambistas prestavam um serviço necessário aos peregrinos, que precisavam converter as moedas que traziam consigo, que frequentemente continham imagens pagãs ou a face de César, quem era venerado pelos Romanos como um deus (veja Marcos 12:15-17). Tal imagem seria considera-

---

92. Myers, Ched. *Binding the Strong Man: A Political Reading of Mark's Story of Jesus*. Maryknoll, New York: Orbis Books, 2017.
93. *Ibid.*, 300.
94. *Ibid.*, 301.

da como corruptora do Templo; daí a necessidade da troca de moeda no átrio dos gentios. Ademais, em vez de precisar encontrar e comprar animais livres de mácula, adequados para o sacrifício no Templo nos mercados locais, os peregrinos poderiam obtê-los de forma mais conveniente dentro dos recintos do Templo – o que também reduzia a possibilidade de os sacrifícios serem maculados no transporte[95].

No entanto, roubar os peregrinos ao sobrefaturar os animais e desvalorizar a moeda também poderia macular o Templo; na verdade, essa exploração poderia ser uma ofensa religiosa ainda maior[96]. Essas violações da Lei Mosaica bastariam para enraivecer qualquer rabi digno.

Em vez de serem exegeses confiáveis do incidente, as interpretações políticas revolucionárias desse evento denunciam uma hostilidade velada ao comércio como tal, retratando toda e qualquer troca livre como um "esconderijo de ladrões" – ou seja, um sistema capitalista de exploração. Entretanto, devemos buscar em outro lugar a real causa da ira de Jesus. Seu ataque aos cambistas não era uma rejeição do Templo (central para o Judaísmo), mas uma batalha contra esses líderes – e uma oportunidade para destacar a realidade última que vai além deles e do próprio Templo.

Todo o ministério de Jesus, incluindo aqui as suas ações, direcionava-se para o objetivo mais amplo de proclamar a vinda do Reino de Deus, sua missão derradeira. Notamos, por exemplo, no relato de Mateus da limpeza do Templo, que os enfermos foram levados a Jesus logo após esse evento – uma justaposição que realça o significado escatológico de suas ações, ao antecipar a cura definitiva do mundo com a vinda do escaton. Notamos que a virada das mesas dos cambistas fez parar não apenas qualquer exploração financeira que poderia estar ocorrendo, mas também os próprios sacrifícios do Templo, que dependiam dessas trocas: o sacrifício supremo de Cristo traria o verdadeiro perdão. Notamos também que, ao relato de Mateus da limpeza do Templo segue a entrada real e triunfal de Jesus em Jerusalém. Juntas, essas ações contêm todos

---

95. Snodgrass, Klyne R. "The Temple Incident" *in Key Events in the Life of the Historical Jesus: A Collaborative Exploration of Context and Coherence*, ed. Darrell L. Bock and Robert L. Webb. Tübingen, Germany: Mohr Siebeck, 2009. pp. 455–460.
96. Brown, Raymond Brown. *The New Jerome Biblical Commentary* (Englewood, New Jersey: Prentice Hall, 1990), 664; Joachim Jeremias, *Jerusalem in the Time of Jesus* (Philadelphia, Pennsylvania: Fortress Press, 1969), p. 33.

os tipos de simbologia messiânica e majestosa. Compare Zacarias 14:21, Jeremias 19:10 e 2 Reis 18:23. Nas Escrituras hebraicas, gestos dramáticos são frequentemente usados para comunicar uma mensagem fundamental[97].

Apesar do destaque dos argumentos de intérpretes politicamente enviesados na década de 1960, as ações de Jesus no Templo foram escatológicas e não políticas em sua essência. Elas apontam para um fim superior (*telos*) e culminação final, nas palavras de Jesus, empregadas apenas em João, "a casa de meu Pai", uma morada fora do tempo, para a qual todos são convidadas. É uma festa sem limitações, em que não existe mais escassez e se pode comer e beber de graça[98].

"E o Espírito e a noiva dizem: Vem. E aquele que ouve diga: Vem. E aquele que tem sede, venha; e aquele que quiser, que tome gratuitamente a água da vida" (Apocalipse 22:17). Não há custos na eternidade, porque lá não há escassez de tempo ou recursos, tampouco economia.

## *Socialismo na primeira igreja?*

Desde, pelo menos, o século XIX, se não mesmo na Idade Média, houve tentativas de vincular o Cristianismo a algum tipo de ideal comunista. A comparação clássica dos dois no século XIX é de Friedrich Engels (1820-1895):

> Tanto o Cristianismo quanto o socialismo dos trabalhadores pregam a futura salvação da escravidão e da miséria. O Cristianismo situa essa salvação em uma outra vida, na morte, no céu; o socialismo a situa aqui neste mundo, em uma transformação da sociedade[99].

Dê crédito a Engels por, pelo menos, chamar a atenção para a diferença central entre as duas formas de pensamento: uma rejeita a utopia na terra,

---

97. Mitch, Curtis Mitch e Sri, Edward Sri. *Catholic Commentary on Sacred Scripture: The Gospel of Matthew.* Grand Rapids, Michigan: Baker Publishing, 2010. pp. 269–270.
98. Conforme Zacarias 14:21.
99. Engels, Frederick. "On the History of Early Christianity," Marxists Internet Archive. Disponível em: https://www.marxists.org/archive/marx/works/1894/early-christianity/ index.htm.

enquanto mira a eternidade para a salvação; a outra mira a salvação na terra, enquanto rejeita a ideia de paraíso. Engels rejeitou totalmente a perspectiva cristã da salvação, preferindo uma visão utópica a ser implementada por meios ideológicos, políticos e violentos. Se utilizar métodos totalitários para trazer o paraíso à terra é um empreendimento sábio é uma outra questão.

Até hoje existem pensadores ansiosos para apagar a diferença entre a eternidade e o tempo. Acreditam que o próprio Cristianismo deveria concretizar sua visão de paraíso no aqui e agora. Um artigo recente de David Bentley Hart no *New York Times*, um colega do Notre Dame Institute for Advanced Study e o autor de *The New Testament: A Translation*, vai nessa direção[100]. "É óbvio que a primeira igreja não foi um movimento político no sentido moderno". Ainda assim, "a Igreja é um tipo de entidade política, e o estilo de vida que adotou não foi apenas uma estratégia prática de sobrevivência, mas sim a incorporação de seus ideais espirituais mais elevados. Seu 'comunismo' provavelmente não foi incidental para a fé".

A que Hart estava se referindo? Veja Atos dos Apóstolos 2:44-45 e 4:32-35:

> E todos os que criam estavam juntos e tinham todas as coisas em comum. E vendiam suas propriedades e bens, e repartiam com todos os homens, conforme cada homem necessitava. E a multidão dos que criam era um só coração, e uma só alma, e ninguém dizia que algo o que possuía fosse seu, mas tinham todas as coisas em comum. E com grande poder os apóstolos davam testemunho da ressurreição do Senhor Jesus, e havia uma abundante graça sobre todos eles. E não havia nenhum necessitado entre eles; porque todos os que possuíam terras ou casas, vendendo-as, traziam os valores das coisas que foram vendidas, e os depositavam aos pés dos apóstolos. E distribuía-se a cada homem segundo a sua necessidade.

Quando lemos as passagens dos Atos dos Apóstolos, é difícil acreditar que qualquer exegeta honesto poderia derivar o socialismo ou o desrespeito à propriedade privada de sua descrição da solidariedade da primeira Igreja

---

[100]. Hart, David Bentley. "Are Christians Supposed to Be Communists?," *New York Times*. 4 de novembro de 2017, Disponível em: https://www.nytimes.com/2017/11/04/opinion/sunday/christianity-communism.html.

cristã. Ao lermos essas palavras, surpreende que alguém possa derivar qualquer forma de comunismo ideológico de sua descrição.

Para começar, eram obviamente tempos extraordinários. Os primeiros cristãos viviam na expectativa do retorno iminente de Jesus e sob constante ameaça das autoridades. Circunstâncias extraordinárias justificam medidas extraordinárias que não são necessariamente um modelo para tempos normais. Imagine-se em uma vizinhança atingida por um furacão. Todos os acessos estão bloqueados. Algumas pessoas têm comida, outras não. Todos os vizinhos se reúnem e se ajudam, sabendo que, em algum momento, as coisas voltarão ao normal. Não há refrigeração, então, a carne irá estragar. As pessoas cozinham e compartilham o alimento. As pessoas cujas casas foram destruídas permanecem com aqueles que ainda têm um teto. Aqueles com água extra compartilham com aqueles que não têm. Esse tipo de coisa ocorre em comunidades ao redor do mundo em situações de emergência porque as pessoas são boas e se ajudam em tempos de necessidade. A história dos primeiros cristãos compartilhando "tudo que têm" é uma história similarmente inspiradora, parte da história inicial de uma religião que viria a mudar o mundo.

Por que politizar esse evento? Por que adotar um modelo adotado em circunstâncias extraordinárias, chamá-lo de comunismo e, então, lutar para que o governo o imponha completamente? Imagine se algum desses vizinhos chegasse ao final da emergência e dissesse: vivamos assim para sempre! A maioria das pessoas teria o bom senso de não levar essa sugestão a sério.

Essas práticas dos primeiros cristãos em tempos de grande pobreza e medo eram atos voluntários inspirados pelo chamado do Evangelho. Elas são uma grande ilustração e testemunho da inspiração que o Cristianismo oferece para o cuidado do próximo. As economias modernas, embora de uma forma menos dramática, despertam esses sentimentos em instituições de caridade, ONGs, sopas comunitárias e outros tipos de filantropia – instituições inspiradas pela poderosa verdade de que nem todas as necessidades materiais das pessoas podem ser atendidas através da produção e do comércio, que existem necessidades que excedem o que qualquer mercado poderia oferecer. Talvez esse princípio é mais íntima e comumente exemplificado pela família como uma instituição de dar e compartilhar, e pela comunhão que os cristãos compartilham na mesa do Senhor.

Ler essas passagens como sociais e políticas, em vez de fundamentalmente sacramentais e morais, é distorcer os relatos do Evangelho ao encaixá-los em um padrão econômico e materialista. Isso não é exegese, mas política; não é espiritualidade, mas ideologia. Interpretar essas passagens como, de alguma forma, hostis à propriedade privada é perder totalmente de vista a diferença entre distribuir propriedade e compartilhá-la. Essa interpretação ofusca a natureza radical da afirmação cristã sobre a Igreja como Corpo de Cristo, a comunhão dos santos que constitui "um só pão e um só corpo; porque todos somos participantes de um só pão" (1 Coríntios 10:17).

Luke Timothy Johnson, um estudioso do Novo Testamento cuja especialidade é Lucas e Atos dos Apóstolos, escreveu profusamente sobre a forma como São Lucas (autor de ambos os livros) aborda as posses em seus escritos[101]. Embora o tratamento de Johnson seja muito mais técnico e abrangente para o perfil do público-alvo deste livro, ele oferece uma resposta à interpretação que destaquei aqui. Johson faz uma observação crítica comum, porém negligenciada, que é aplicável não só a Lucas, mas particularmente importante para um entendimento preciso do que "todas as coisas em comum" significava na Igreja do primeiro século. Na medida em que a propriedade privada é reduzida, também o é a caridade, que é fundamental para a vida cristã. Como Johnson destaca, "uma comunidade de bens tornaria a esmola impossível"[102].

De forma mais ampla, Johnson mostra que, nos escritos de São Lucas, "pobre" representa mais um *status* externo do que um *status* econômico – o "estado inferior" de Maria no Magnificat (Lucas 1:48), o qual indica humildade em vez de pobreza monetária específica[103]. Da mesma forma, quando vemos Jesus visitar Zaqueu, que era "rico", lembramos que, como coletor de impostos, ele também era um pária. Isso explica porque a multidão "murmurou" quando Jesus "o recebeu com alegria" (Lucas 19:6-7). Johnson mostra que "a pobreza não é uma designação econômica, mas uma designação de *status* econômico"[104].

---

101. Johnson, Luke Timothy. *The Literary Function of Possessions in Luke-Acts.* Missoula, Montana: Scholars Press, 1977. p. 39.
102. *Ibid.*, 10, nota 3.
103. *Ibid.*, 136.
104. *Ibid.*, 139.

Transformar a descrição de Atos dos Apóstolos 2:44 de "todas as coisas em comum" em um paradigma socialista que abole e proíbe a propriedade privada é inverter todo o significado da experiência cristã no primeiro século; simplesmente negligencia a descrição completa desse mesmo arranjo algumas passagens depois em Atos 5:1-11, em que a propriedade e controle da propriedade de Ananias e Safira é explicitamente afirmada por não menos que o próprio São Pedro, que diz: "Guardando-a, não ficava para ti? E, após ser vendida, não estava em teu próprio poder?" (Versículo 4).

Como mostrado no Livro dos Atos dos Apóstolos, o Cristianismo nem expropriava a propriedade de ninguém, nem o forçava a "compartilhá-la". Em vez disso, o Cristianismo inspirava as pessoas a compartilhar, renunciando às suas posses legitimamente por amor.

O chamado do Evangelho transcende as alegações do direito civil e de todos os sistemas econômicos. Ao mesmo tempo, é mais radical nas demandas que faz de nossa consciência. É um grande erro confundir os dois. Na ordem da graça, pode-se realmente dizer que as coisas são mantidas em comum: ninguém é afastado dos ministérios da Igreja cristã devido à sua classe econômica[105].

Mas os cristãos hoje estão confusos sobre a riqueza, a propriedade privada e nossa obrigação moral de amenizar as necessidades dos pobres. A moralidade bíblica de caridade e generosidade veio a formar toda a ética social. Mas essa moralidade está enraizada na natureza voluntária do compromisso cristão. E quando os cristãos permitem que a moralidade se desvencilhe de suas origens, transforma-se em algo totalmente diferente. Então, os cristãos tendem a confundir formas interiores e exteriores de restrição – confundindo política e moralidade.

É a própria ausência de obrigação exterior que torna o Cristianismo tão radical. Como podemos compartilhar algo se não o possuímos em primeiro lugar? Tanta confusão poderia ser esclarecida se perguntássemos o que é que rege a nossa vida moral. São os decretos do Estado ou o reinado interior de Cristo no coração humano?

Os temas práticos e de afirmação da vida que encontramos na parábola não são temas secundários nos Evangelhos – eles formam o núcleo da

---

105. Fico agradecido por meu colega Dylan Pahman do Acton Institute por sua observação neste tema.

mensagem de Jesus. Eles ilustram os princípios mais amplos da fé cristã, da urgência moral e espiritual de viver de uma forma semelhante à de Cristo. São uma receita para uma vida bem vivida, não um modelo político a ser imposto através da autoridade pública. As parábolas são histórias ilusórias, veículos convincentes e evocativos para nos ajudar a subestimar os princípios espirituais de uma forma mais prática, de uma maneira que aponte para verdades mais elevadas e mais difíceis de serem ditas.

Quais são as implicações sociais? Nosso templo sempre precisa de uma limpeza, da extirpação da corrupção moral. Isto é verdade para nós como indivíduos, como sociedade, e como uma ordem política. Até que dispensemos nossos vieses e pressupostos ideológicos e obtenhamos clareza sobre quais são exatamente os princípios morais que as parábolas de Jesus ensinam, corremos o risco de destruir em vez de limpar.

Destruir o tecido do funcionamento e dos mercados vibrantes não é um caminho moral; isso leva à destruição, e não à purificação. Nosso estudo das parábolas aponta o caminho a seguir. Para reformar a sociedade, precisamos de sabedoria, prudência, clareza de propósito e uma compreensão realista das instituições que estamos reformando. As parábolas focam principalmente nos problemas morais práticos que nós enfrentamos em nossa vida diária. Elas iniciam o processo de limpeza dentro de nós e muitas vezes ensinam lições surpreendentes. Os Evangelhos elaboram ainda mais com uma história inspirada de uma missão salvífica. Ainda hoje podemos aprender com estas Escrituras, desde que sejamos humildes o suficiente para nos sentarmos aos pés do Senhor e sermos ensinados.

# Agradecimentos

~~∞~~

Praticamente nenhuma empreitada humana é realizada em um mero nível individual, e senão por outro motivo que os seres humanos nunca são eles mesmos meramente individuais. Estamos em um tipo de relação desde o primeiro momento de nossa existência. E é assim com este livro.

Não é a intenção uma analogia tão sublime, mas estes capítulos passaram por um processo não muito diferente dos próprios Evangelhos: o primeiro nível de reflexão foi retirado de homilias que ministrei ao longo de muitos anos de trabalho pastoral, algumas registradas em manuscritos, mais frequentemente em esboços e rascunhos. Várias anotações diversas e dispersas, além de fragmentos de qualquer papel que estivesse à mão, também me ajudaram a me lembrar de algum *insight* que achei útil para comunicar uma nova perspectiva ou aplicação. Muito tempo atrás, adquiri um hábito do modelo do (agora São) Papa João Paulo II, que frequentemente rezava com uma caneta e um bloco de anotações em mãos, e muitas dessas reflexões, também, contêm material encontrado de forma separada nessas páginas.

Compartilhar algumas dessas meditações com amigos e colegas de confiança me ajudou a preencher lacunas, já que eles indicavam fontes e ideias que dariam mais profundidade e substância ao meu pensamento, as quais vieram a ser incorporadas neste texto.

Estou particularmente agradecido a Jeff Tucker, que me ajudou no início deste processo ao esclarecer minhas anotações e desatar muitos nós nos transcritos originais e ao oferecer conexões econômicas interessadas. E ao Professor Klyne Snodgrass, um importante estudioso das parábolas, que reservou um tempo de seu próprio cronograma de escrita para ler este manuscrito e melhorar o seu conteúdo.

Da mesma forma, meu apreço vai para os meus sempre confiáveis (e muitas vezes teimosos) colegas do Acton Institute por todo o seu trabalho incansável e inspirador para propagar a causa da sociedade livre e virtuosa. Entre estes, especialmente Kris Mauren, com quem eu cofundei o Acton Institute em 1990 e que me sucedeu como presidente. Minha assistente leal, sempre paciente e meticulosa Katharine Harger, que sempre manteve o barco em seu prumo. Nathan Mech foi extremamente prestativo em uma leitura inicial do rascunho. Dr. Sam Gregg, Dylan Pahman e Dan Hugger também adicionaram sugestões úteis e me ajudaram a localizar o material de base. Do nosso pequeno exército de estagiários do Acton com quem podíamos contar para uma infinidade de tarefas, quero agradecer a Isabella Maciejewski, Maggie Tynan, Maryn Setsuda e Michaela Page neste sentido. Sendo ele mesmo um empresário, meu amigo de longa data David Milroy foi de grande incentivo para a conclusão do livro.

É uma grande honra mais uma vez estar associado a uma das editoras mais veneráveis dos Estados Unidos, a Regnery, que lutou o bom combate pela liberdade humana por três quartos de século; e trabalhar novamente com sua editora por excelência Elizabeth Kantor, que lapidou minhas pérolas e "assassinou alguns (mas nem tantos) dos meus queridos". Obrigado, também, à competente revisora deles, Laura Spence Swain. Embora este livro tenha sido concluído pela ajuda desses muitos colaboradores, a redação final continua sendo, claro, de minha própria responsabilidade.

# Bibliografia selecionada

*Amplified Holy Bible*. London: Zondervan, 2017.

Aquinas, Thomas. *Summa Theologiae*. London: Blackfriars, 1975.

Augustine of Hippo. *The Confessions*. Translated by F. J. Sheed. Indianapolis, Indiana: Hackett, 2006.

*Babylonian Talmud, The* (Seder Nezikin). *Baba Metzia*. Translated by H. Freedman. New York: Rebecca Bennet Publications Inc., 1959.

"Bankruptcy Law in the United States." Economic History Association. https://eh.net/encyclopedia/bankruptcy-law-in-the-united-states/. Benedict, XVI, Pope. *Deus caritas est*. Disponível em: http://www.vatican.va/content/benedict-xvi/en/encyclicals/documents/hf_ben-xvi_enc_20051225_deus-caritas-est.html.

*Biblia Sacra: Juxta Vulgatam Clementinam*. Editada por Michael Twee- dale. London: Baronius Press, 2008.

Blomberg, Craig. "Jesus, Sinners, and Table Fellowship." *Bulletin for Biblical Research* 19, no. 1 (2009): pp. 35–62.

"Brief History of Bankruptcy, A." Bankruptcy Data. Disponível em: https://www.bankruptcydata.com/a-history-of-bankruptcy.

Brown, Raymond et al. *The New Jerome Biblical Commentary*. Engle wood, New Jersey: Prentice Hall, 1990.

Bruenig, Elizabeth. "How Augustine's Confessions and Left Politics Inspired My Conversion to Catholicism." *America Magazine*. 25 de julho de 2017. Disponível em: https://www.americamagazine.org/faith/2017/07/25/how-augustines--confessions-and-left-politics-inspired-my-conversion-catholicism.

Çam, Deniz. "The Biggest Billionaire Winners and Losers of 2019." *Forbes*. 20 de dezembro de 2019. Disponível em: https://www.forbes.com/sites/den izcam/2019/12/20/the-biggest-billionaire-winners-and- losers-of-2019/#4dc47bcc3ec2.

Cardenal, Ernesto. *The Gospel in Solentiname*. Maryknoll, New York: Orbis, 1972.

*Catechism of the Catholic Church*, The Vatican, 2309. http://www.vatican.va/archive/ENG0015/_P81.HTM.

Chafuen, Alejandro. *Faith and Liberty*. Lanham, Maryland: Lexington Books, 2003.

Churchill, Winston. "The Cause of the Left-Out Millions." Speech at Saint Andrew's Hall, Glasgow. In *Never Give In! The Best of Winston Churchill's Speeches*, selecionados e editados por seu neto Winston S. Churchill. London: Pimlico, 2004.

Cowan, David. *Economic Parables The Monetary Teachings of Jesus Christ*. London: Paternoster, 2006.

Dreier, Peter. "Jesus Was a Socialist." HuffPo. 26 de dezembro de 2017. Disponível em: https://www.huffpost.com/entry/jesus-was-a-socialist_b_13854296.

Engels, Frederick. "On the History of Early Christianity." Marxists Internet Archive. Disponível em: https://www.marxists.org/archive/marx/works/1894/early-christianity/index.htm.

Fernandez, Francis. *In Conversation with God: Meditations for Each Day of the Year*. 2 vols. Strongsville, Ohio: Scepter Publishing, 1989.

Fitzmyer, Joseph. *The Gospel According to Luke*. 2 vols. New York: Doubleday, 1981–85.

Fonck, Leopold. *The Parables of Christ: An Exegetical and Practical Explanation*. Editado por George O'Neill. Fort Collins, Colorado: Roman Catholic Books, 1997.

Francis, Pope. *Fratelli tutti* (encyclical letter). The Vatican. October 3, 2020. http://www.vatican.va/content/francesco/en/encyclicals/documents/papa-francesco_20201003_enciclica-fratelli-tutti.html.

Fuglie, Keith O., James M. MacDonald, and Eldon Ball. *Productivity Growth in U.S. Agriculture* no. 9. (Setembro de 2007). Disponível em: https://www. ers.usda.gov/webdocs/publications/42924/11854_eb9_1_.pdf.

Gadenz, Pablo. *Catholic Commentary on Sacred Scripture: The Gospel of Luke*. Grand Rapids: Baker Academic, 2018.

Gregory the Great. *St. Gregory the Great: Homilies on the Gospel of St. Luke*, as cited in Fernandez, Francis, *In Conversation with God: Meditations for Each Day of the Year*. 2 vols. Strongsville, Ohio: Scepter Publishing, 1989.

Griswold, Daniel. *Mad about Trade: Why Main Street America Should Embrace Globalization*. Cato Institute, 2009.

Hart, David Bentley. "Are Christians Supposed to Be Communists?" *New York Times*. 4 de novembro de 2017. Disponível em: https://www.nytimes.com/2017/11/04/opinion/sunday/christianity-communism.html.

"Mammon Ascendent." *First Things*, Junho de 2016.

Hayek, F. A. *The Fatal Conceit: The Errors of Socialism*. Chicago: University of Chicago Press, 1988.

*Holy Bible English Standard Version*. Wheaton, Illinois: Crossway, 2018.

*Holy Bible King James Version*. Nashville, Tennessee: Thomas Nel son, 2021.

*Holy Bible New King James Version*. Nashville, Tennessee: Thomas Nelson, 1982.

*Holy Bible Revised Standard Version*. The Division of Christian Edu cation of the National Council of the Churches of Christ in the United States of America, 1971.

*Holy Bible Revised Standard Version Catholic Edition*. Ignatius, 1994. Hultgren, Arland J. *The Parables of Jesus: A Commentary*. Grand Rapids, Michigan: Wm. B. Eerdmans Pub. Co., 2000.

Jeremias, Joachim. *Jerusalem in the Time of Jesus*. Philadelphia: For tress Press, 1969.

———. *The Parables of Jesus Second Revised Edition*. Hoboken, New Jersey: Prentice Hall, 1972.

———. *Rediscovering the Parables*. New York: Charles Scribner's Sons, 1968.

John Paul II. *Centesimus annus*. Encyclical Letter. The Vatican. (1º de maio de 1991). Disponível em: http://www.vatican.va/content/john-paul-ii/en/encyclic als/documents/hf_jp-ii_enc_01051991_centesimus-annus.html. Johnson, Luke T. *The Literary Function of Possessions in Luke–Acts*.

Missoula, Montana: Scholars' Press, 1977.

Josephus, Flavius. *The Antiquities of the Jews*. Translated by William Whiston. Blacksburg, Virginia: William Whiston Unabridged Books, 2011.

———. *The Jewish War*. Translated by Martin Hammond. Oxford Uni versity Press, 2017. Jowett, Benjamin. *The Dialogues of Plato in Five Volumes*. 3rd ed., vol. 3. Oxford, United Kingdom: Oxford University Press, 1892. https://www.john-uebersax.com/plato/myths/ship.htm

Kuttner, Robert. *Everything for Sale: The Virtues and Limits of Markets*. Chicag0: University of Chicago Press, 1999.

Lapide, Cornelius Cornelii à. *The Great Commentary of Cornelius à Lapide: The Holy Gospel According to Luke*. Fitzwilliam, New Hampshire: Loreto Publications, 2008.

———. *The Great Commentary of Cornelius à Lapide*. vol. 2, book 9, chapter 35. Fitzwilliam, New Hampshire: Loreto Publications, 2008.

Levine, Amy-Jill. *Short Stories by Jesus: The Enigmatic Parables of a Controversial Rabbi*. New York: HarperOne, 2014.

Marx, Karl. *Capital: A Critique of Political Economy*. Editado por Fred erick Engels. Translated from the 3rd German edition by Samuel Moore and Edward Aveling. Chicago: Charles H. Kerr & Com pany, 1909.

Mattera, Philip. "Debt Trap." Corporate Research Project. Disponível em: https://www.corp-research.org/e-letter/debt-trap.

McDowell, Erin. "These 10 Billionaires Have All Gone Broke or Declared Bankruptcy—Read the Wild Stories of How They Lost Their Fortunes." *Business Insider*. 26 de março de 2020. Disponível em: https://www.businessinsider.com/rich-billionaires-who-declared-bankruptcy- 2019-7.

"Mediation." TWM Solicitors. Disponível em: https://www.twmsolicitors.com/our-services/dispute-resolution/wills-estate-administration-and-distribution-disputes/mediation/.

Meier, John P. *A Marginal Jew*. vol. 5. *Probing the Authenticity of the Parables*. New Haven, Connecticut: Yale University Press, 2016.

Miranda, José Porfirio. *Communism in the Bible*. Maryknoll, New York: Orbis, 1992.

von Mises, Ludwig. *Socialism: An Economic and Sociological Analysis*. London: Jonathan Cape, 1974.

Mitch, Curtis and Edward Sri. *Catholic Commentary on Sacred Scripture: The Gospel of Matthew*. Grand Rapids, Michigan: Baker Publishing.

Morse, Jennifer Roback. "The Modern State as an Occasion of Sin." *Heartland Policy Study* no. 71 (1º de fevereiro de 1996). Disponível em: http://heartland.org/policy-documents/no-71-modern-state-occasion-sin.

Myers, Ched, *Binding the Strong Man: A Political Reading of Mark's Story of Jesus Twentieth Anniversary Edition*. Maryknoll, New York: Orbis Books, 2017.

Mueller, Jennifer. "How to Solve Inheritance Disputes with Media- tion." Wikihow Legal. 21 de outubro de 2021. Disponível em: https://www.wikihow.legal/Solve-Inheritance-Disputes-with-Mediation.

Nolland, John. "The Role of Money and Possessions in the Parable of the Prodigal Son (Lucas 18:11–32)." In Craig G. Bartholomew, Joel B. Green, and Anthony C. Thiselton, *Reading Luke: Interpre tation, Reflection, Formation*, Scripture and Hermenetuics 7. Grand Rapids, Michigan: Zondervan, 2005.

Pfund, Colbey. "Five Reasons to Reinvest in Your Own Company." *Forbes*. 2 de outubro de 2018. Disponível em: https://www.forbes.com/sites/theyec/2018/10/02/five-reasons-to-reinvest-in-your-own-company/ #60462da62da4.

Ratzinger, Joseph (Pope Benedict XVI). *Jesus of Nazareth*: *From the Baptism in the Jordan to the Transfiguration*. Trad. Adrian J. Walker. New York: Doubleday, 2007.

——. *Jesus of Nazareth: Holy Week*. San Francisco: Ignatius Press, 2011.

Roover, Raymond de. *Business, Banking, and Economic Thought in Late Medieval and Early Modern Europe*. Chicago: University of Chicago Press, 1975.

Schmalz, Matthew. "Taxing the Rich to Help the Poor? Here's What the Bible Says." The Conversation. 10 de dezembro de 2017. Disponível em: https://theconversation.com/taxing-the-rich-to-help-the-poor-heres-what-the-bible-says-88627.

Schumpeter, Joseph. *History of Economic Analysis*. Oxford, United Kingdom: Oxford University Press, 1996.

Scott, Bernard Brandon. *Hear Then the Parable: A Commentary on the Parables of Jesus*. Minneapolis, Minnesota: Fortress Press, 1990.

Second Vatican Council. *Gaudium et spes*. Disponível em: https://www.vatican.va/archive/hist_councils/ii_vatican_council/documents/vat-ii_const_19651207_gaudium-et-spes_en.html.

Seneca, Lucius Anneaus. *Seneca's Morals; by Way of Abstract: To Which Is Added, a Discourse under the Title of After-thought*. Trad. Roger L'Estrange. London: Sherwood, Neely and Jones, 1818.

Singer, Isidore, *The Jewish Encyclopedia: A Descriptive Record of the History, Religion, Literature, and Customs of the Jewish People from the Earliest Times to the Present Day*. New York: Funk and Wagnalls Company, 1905.

Snodgrass, Klyne. *Stories with Intent: A Comprehensive Guide to the Parables of Jesus*. Grand Rapids, Michigan: William B. Eerdmans, 2008.

——. "The Temple Incident" in *Key Events in the Life of the Historical Jesus: A Collaborative Exploration of Context and Coherence*. Editado por Darrell L. Bock e Robert L. Webb. Tübingen, Germany: Mohr Siebeck, 2009.

Taylor, Kyle. "Why You Need to Reinvest Half of What You Earn Back into Your Company." *Entrepreneur*. 23 de junho de 2015. Disponível em: https://www.entrepreneur.com/article/247614.

Teresa of Calcutta. "Called to Profess, Not Success." *Catholic Life*, . 28 de março de 2017. Disponível em: https://catholiclife.diolc.org/2017/03/28/called-to-profess-not-success/.

Tosato, Angelo. *Vangelo e Ricchezza: Nuove Prospettive Esegetiche; a cura di Dario Antiseri, Francesco D'Agostino e Angelo Petroni*. Rubbettion: Soveria Mannelli, 2002.

Varela, Adrián Francisco and Qayyah Moynihan. "17 Billionaires Who Lost the Most in the Past Year." *Business Insider*. 23 de janeiro de 2019. Disponível em: https://www.businessinsider.com/the-17-billionaires-who-made-the-biggest-losses-in-the-past-year-2018-2019-1.

"What Is Inheritance Dispute Resolution?" Attorneys.com. Disponível em: http://www.attorneys.com/wills-trusts-and-probate/trusts-and-estates/inheritance-dispute-resolution.

von Wieser, Friedrich. "Return Value." In *Natural Value*. Edited with a Preface and Analysis by William Smart. London: Macmillan, 1893. Livro 3, Parte 1, Cap. 1. Disponível em: https://oll-resources.s3.us-east-2.amaz

*A LVM também recomenda*

**O MITO SANTIFICADOR DE J.R.R. TOLKIEN**

INTERPRETANDO A TERRA MÉDIA

BRADLEY J. BIRZER

O autor mostra um aspecto diferente de Tolkien e de sua mitologia, analisando sua vida e obra e nos permitindo enxergar a dimensão da sua grandeza. Estudando as ideias de mito e linguagem de Tolkien, bem como o propósito de criar uma mitologia própria, o livro nos apresenta os vários simbolismos sacramentais e paralelos encontrados dentro do legendarium (palavra de Tolkien para toda a mitologia), buscando mostrar qual é o dever do homem dentro da ordem criada por Deus.

**A LVM também recomenda**

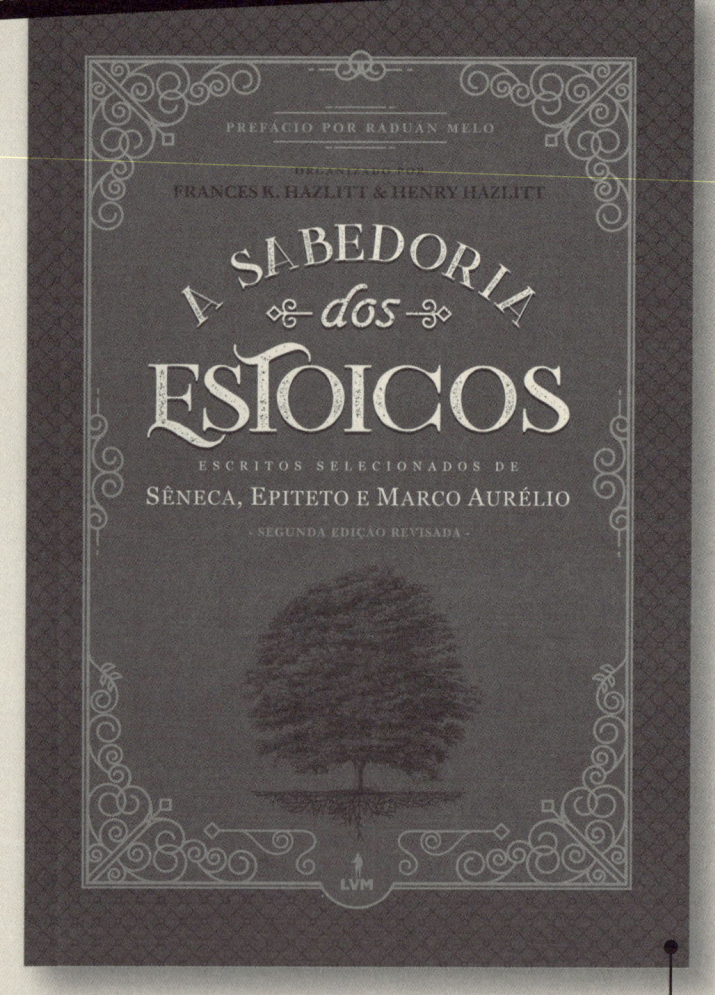

### A SABEDORIA dos ESTOICOS

ESCRITOS SELECIONADOS DE
SÊNECA, EPITETO E MARCO AURÉLIO

*Segunda edição revisada*

PREFÁCIO POR RADUAN MELO

ORGANIZADO POR
FRANCES K. HAZLITT & HENRY HAZLITT

Hoje o estoicismo invade os consultórios médicos oferecendo resiliência, os altos escritórios business de São Paulo, ensinando constância e organização, e também a casa simples de um operário, convidando-o à prática virtuosa da abnegação moral e social. Assim como o estoicismo, este é um livro para todos, do imperador Marco Aurélio ao servo Epiteto, do dono de indústrias aos seus empregados; todos deviam ler o que se encontra aqui.

## A LVM também recomenda

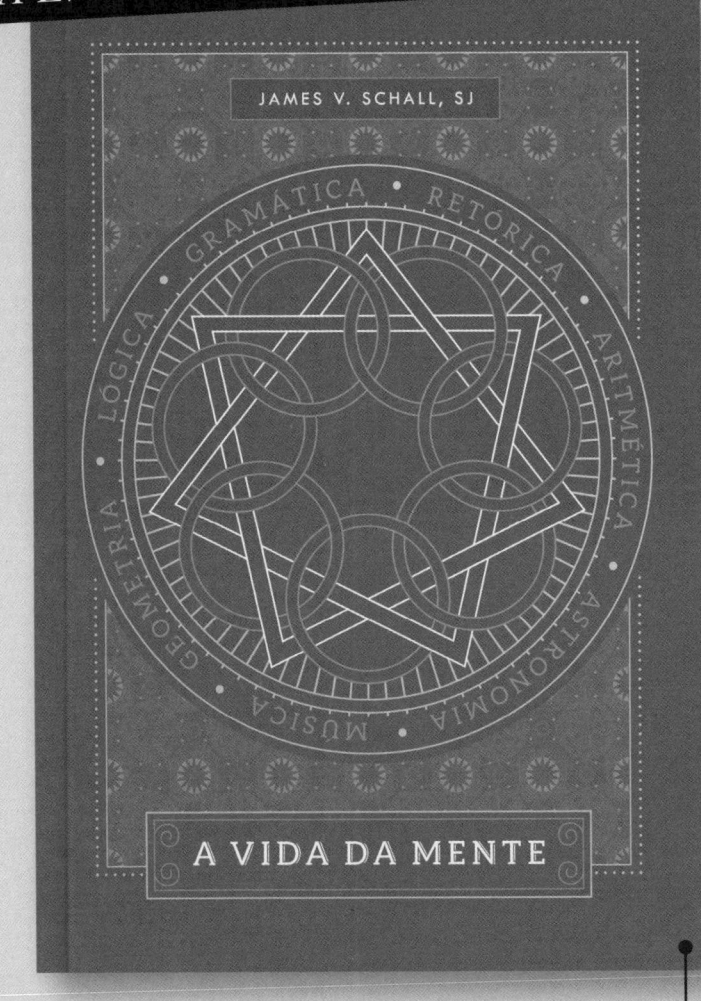

**JAMES V. SCHALL, SJ**

**A VIDA DA MENTE**

*A Vida da Mente*, mais que um livro de introdução à erudição e à vida de estudos, é um convite eloquente a uma visão de mundo ordenado, maduro e valoroso do espírito construtor da nossa civilização. Nesta obra, o autor encara a dura missão de dar os porquês de uma vida intelectual contemplativa e eficaz. Schall narra uma epopeia humana de busca do saber e da ciência, ao mesmo tempo que nos convida para participar ativamente desse enredo.

**Acompanhe a LVM Editora nas Redes Sociais**

📘 https://www.facebook.com/LVMeditora/

📷 https://www.instagram.com/lvmeditora/

Esta obra foi composta pela Spress em
Baskerville (texto) e Playfair(título) para a LVM em março de 2023.